BEATRICE ET MICHEL NOURE

Les si...

Capricorne

EDITIONS DE VECCHI S.A.
52, rue Montmartre
75002 PARIS

Introduction

Que penser de l'astrologie? Scepticisme total ou foi aveugle: l'amateur d'astrologie ne devrait, en aucun cas, adopter l'une ou l'autre de ces deux attitudes.

Des savants se sont ainsi parfois accrochés à leurs erreurs ou à leurs certitudes.

A l'inverse, certains esprits se sont orientés vers des conclusions un peu hâtives.

Entre ces deux extrêmes, une attitude raisonnée ou raisonnable est envisageable.

Monsieur André Barbault, par exemple, a mené une enquête systématique sur les mariages des souverains français, de Charles VIII à Napoléon III. La comparaison des horoscopes de ces époux royaux lui a permis de constater que les couples les moins amoureux ou les moins heureux étaient ceux qui présentaient le moins "d'affinités astrales"; les résultats sont assez éloquents malgré les divergences d'interprétation entre les astrologues, il ne faut toutefois pas oublier qu'en matière d'astrologie, il est tout au plus permis de parler de probabilités, de possibilités et non de lois systématiques et scientifiques.

Cependant, qui d'entre nous n'a jamais constaté d'étranges coïncidences, de troublantes ressemblances entre natifs du même signe, ou de curieuses affinités avec tel ou tel autre signe?

A ce niveau le plus immédiat, il suffit de reconnaître, d'être conscient de l'influence du temps et du climat sur notre caractère ou notre tempérament, et d'être conscient qu'il n'est pas indifférent de naître, par exemple, dans le froid et la nuit de l'hiver du Capricorne, ou dans la chaleur et la brillance du soleil du Lion, ou encore pendant la période d'épuisement de la Terre, desséchée de la Vierge.

Quoi qu'il en soit, l'astrologie définit et décrit des comportements, des caractères, des attitudes, des aptitudes et des affinités. Elle dresse des portraits-robots, des archétypes d'individus qui correspondent globalement aux natifs d'un même signe. Selon certains philosophes, chacun des 12 signes du zodiaque contient intrinsèquement des éléments positifs et négatifs et que l'homme, par sa raison (ratio), a la liberté de vaincre les principes négatifs.

La divination astrologique apparaît comme un phénomène historique constant dans les civilisations les plus diverses – elle connut des périodes de stagnation et des époques de grandeur –. Très liée à la mythologie, à l'astronomie et aux sciences occultes au départ, elle s'est enrichie progressivement au contact de la psychologie et de la psychanalyse.

Les planètes

L'astrologie fonde ses recherches sur la position des planètes au moment de la naissance: position sur l'écliptique, puis par rapport aux maisons, latitude et déclinaison des planètes, enfin et surtout, distance entre chacune d'elles. Chaque planète possède des propriétés, des significations et des analogies distinctes.

Les règles d'interprétation s'articulent autour des questions suivantes.

• Quels sont le ou les astres qui passent aux angles du ciel, à l'horizon ou au méridien, en particulier à l'Ascendant (AS) et au Milieu du ciel (MC)? Le lever et la culmination de l'astre constituent son maximum de valorisation. Il faut accorder une importance particulière aux astres rapides, Soleil, Lune, Mercure, Vénus, plus précis que les astres lents qui influencent une génération plus qu'un individu.

• Quelles positions les planètes occupent-elles dans les signes?

• Quel est l'ensemble des aspects du thème? De tous les astres avec l'AS et le MC? Des huit planètes par rapport au Soleil et à la Lune (conjonction... opposition, etc.)? Des planètes lentes de Mars à Pluton, à Mercure et à Vénus?

On obtient ainsi un code de lecture avec des tendances dominantes.

Dix planètes sont prises en considération pour l'interprétation. Trois ont été découvertes récemment: Uranus (1781), Neptune (1846) et Pluton (1930). Voici leur ordre

de distance par rapport au Soleil: Mercure, Vénus, Lune, Mars, Jupiter, Saturne, Uranus, Neptune, Pluton.
En outre, chacune de ces planètes a sa propre vitesse de rotation autour du zodiaque.

La Lune parcourt le zodiaque en 27 jours.
Le Soleil parcourt le zodiaque en 12 mois.
Mercure parcourt le zodiaque en 88 jours.
Vénus parcourt le zodiaque en 224 jours.
Mars parcourt le zodiaque en 1 an et 321 jours.
Jupiter parcourt le zodiaque en 11 ans et 313 jours.
Saturne parcourt le zodiaque en 29 ans et 167 jours.
Uranus parcourt le zodiaque en 84 ans et 7 jours.
Neptune parcourt le zodiaque en 164 ans et 280 jours.
Pluton parcourt le zodiaque en 247 ans et 249 jours.

Une planète a son *domicile* dans le ou les signes où elle est bien placée. Dans le cas inverse, on parle d'*exil*.
Exemple: Neptune a son domicile dans le signe du Poissons mais est en exil, mal placé dans la Vierge.
La planète est en *exaltation* quand les affinités sont moins fortes et inversement en *chute* quand la planète est moyennement disposée, sans avoir une réelle opposition avec les significations du signe.
Si la planète n'est dans aucune de ses positions, son influence est neutre.

Soleil

Astre de Feu, d'influence positive, le Soleil a son domicile dans le Lion, est en exil dans le Verseau, en exaltation dans le Bélier et en chute dans la Balance.
- sa couleur est le jaune orangé;
- ses gemmes sont le diamant, la topaze et l'ambre;
- son métal est l'or;
- son jour est le dimanche;

	Soleil ☉	Lune ☾	Mercure ☿	Vénus ♀	Mars ♂	Jupiter ♃	Saturne ♄	Uranus	Neptune ♆	Pluton ♇
Domicile	Lion	Cancer	Gémeaux Vierge	Taureau Balance	Bélier Scorpion	Sagittaire	Capricorne	Verseau	Poissons	Serpentaire
Exaltation	Bélier	Taureau	Vierge	Poissons	Capricorne	Cancer	Balance	Scorpion	Lion	
Exil	Verseau	Capricorne	Sagittaire Poissons	Scorpion Serpentaire Bélier	Balance Taureau	Gémeaux	Cancer	Lion	Vierge	Taureau
Chute	Balance	Scorpion	Poissons	Vierge	Cancer	Capricorne	Bélier	Taureau	Verseau	

- sa plante est le chêne;
- ses animaux sont le cygne, le lion et le bélier;
- il correspond à la XIXe lame du tarot: le Soleil.

C'est l'astre de première importance en astrologie. Il a été le centre du culte de la plupart des peuples et des premières tentatives de monothéisme.

Le dieu Soleil est la divinité suprême qui gouverne toutes les autres et dispense énergie, chaleur et santé. Il représente et symbolise le Père et, par voie de conséquence, l'autorité et la justice, l'organisation, la gloire, la vie et les honneurs.

Astrologiquement, le Soleil est considéré comme un principe mâle, positif et actif, opposé à la Lune, principe féminin et passif (le Yin et le Yang des Chinois). Depuis Ptolémée, la représentation du Soleil est fixée entre 20 et 40 ans.

Les *qualités* incarnées par le Soleil sont la volonté, la combativité, la loyauté, la fidélité, l'amour-propre, la confiance en soi, le sens de la synthèse et le rayonnement personnel.

Les *défauts* sont la force brute et gratuite, l'ambition, la cruauté et l'orgueil.

Sur le plan *amoureux*, le solarien est peu favorisé. Très sentimental, il a toujours un idéal trop élevé qu'il trouve rarement. De ce fait, il conclut la plupart du temps des mariages moyens, souvent avec une lunaire ou une vénusienne qui cependant l'aimera et le soutiendra.

Dans *son métier*, il a le goût du risque et du jeu. Toutes les carrières intellectuelles, artistiques et scientifiques sont accessibles au solarien, ainsi que les professions qui demandent de l'autorité ou se rattachent aux articles de luxe.

Sa *destinée* est généralement favorable suivant, bien sûr, les différents facteurs du thème.

Sur le plan *anatomique*, le Soleil gouverne le cœur, la vue, le dos, les artères, le flanc droit. Il représente la force vitale et indique souvent, s'il est puissant, un tempérament bilieux.

Dans un *horoscope*, on consulte surtout le Soleil pour être renseigné sur la vitalité, l'influence personnelle, les possibilités d'expansion et de réussite du sujet. Bien placé dans le Lion, le Bélier et le Sagittaire, il est faible dans le Verseau et la Balance. Pour les maisons, il est théoriquement bien placé en X, I, VII, IX, XI et V.

Lune

Planète d'Eau, féminine, la Lune a son domicile dans le Cancer, est en exil dans le Capricorne et en exaltation dans le Taureau.
– ses couleurs sont le gris, le bleu ou le blanc;
– ses gemmes sont la nacre, la perle, le cristal, l'opale;
– son métal est l'argent;
– son jour est le lundi;
– ses plantes sont le nénuphar, l'iris d'eau, le pavot et le myosotis;
– ses animaux sont ceux de la nuit en général, comme la chauve-souris ou l'ofraie;
– elle correspond à la IIe lame du tarot: la Papesse.
Personnifiée par Diane dans la mythologie latine, et Artémis dans la mythologie grecque, la Lune est le symbole de la virginité farouche. Déesse chasseresse, Diane possède un arc: le croissant de lune.
La Lune incarne la féminité (la mère, les femmes, l'épouse). Elle représente la personnalité extérieure chez la femme et la féminité inconsciente chez l'homme. D'une façon plus générale, elle est le symbole de l'inconscient (contrairement au Soleil qui est le conscient).
Par son influence sur les marées et sa correspondance avec le cycle de la femme, la Lune est considérée comme la régulatrice et la maîtresse des rythmes, des automatismes et des habitudes, de la grossesse et des accouchements.
Les *qualités* qu'on lui attribue sont l'impressionnabilité,

la réceptivité, l'intensité de la vie intérieure et parfois la tendance à la contemplation.

Ses *défauts* sont la versatilité, l'instabilité, l'inconstance, la timidité, la susceptibilité, le manque d'initiative, la rêverie indolente ou paresseuse, l'imagination maladive. Sur le plan des *sentiments*, le lunaire est le plus sociable de tous les types planétaires. Le lunaire masculin recherche volontiers la compagnie des femmes avec lesquelles il s'entend bien. Il donne le meilleur de lui-même en collaboration ou dans le mariage, car son partenaire l'aide à dominer ses défauts.

Les *professions* telles que romancier, poète, navigateur, représentant, nourrice, infirmière, etc., conviennent assez bien au lunaire.

Le *destin* du lunaire est plus de subir les événements que de les commander. Il faut donc, dans une interprétation astrologique, être attentif aux influences des planètes énergiques: Mars, Soleil, Jupiter et Saturne.

Sur le plan *anatomique*, la Lune gouverne principalement l'estomac et l'appareil digestif en général, ainsi que la lymphe et le grand sympathique. Si elle prédomine dans un thème, elle indique un tempérament lymphatique.

On consulte la Lune dans un *thème* pour être renseigné sur l'harmonie des fonctions organiques, la vie intime et familiale, le rôle possible du sexe féminin dans la vie, la fécondité de l'imagination, la précision de la mémoire et la force de l'intuition. Par expérience, on sait que la Lune est bien placée dans les six premiers signes du zodiaque et mal placée dans les six derniers, sauf pour le Capricorne.

Mercure

Planète d'Air, convertible, Mercure a son domicile diurne dans le Gémeaux et nocturne dans la Vierge.

Elle est en exil dans les signes Sagittaire et Poissons, en exaltation dans le signe de la Vierge et en chute dans le Poissons.

– ses couleurs sont le gris et le bleu;
– ses gemmes sont l'agate, le jaspe et la cornaline;
– son métal est le mercure;
– son jour est le mercredi;
– ses plantes sont la lavande, la menthe, la verveine, le liseron, l'anis et la marguerite;
– ses animaux sont la pie, l'hirondelle, le papillon et le perroquet;
– elle correspond à la Ière lame du tarot: le Bateleur.

Mercure est un dieu polyvalent, appelé Hermès par les Grecs, il protège les voleurs et les artistes. "Messager des dieux", il est leste, commerçant, habile, possède d'importants défauts et de grandes qualités. Transformateur des énergies, Mercure est l'élément psychique essentiel du progrès moral et de l'évolution spirituelle. Il symbolise l'intelligence, l'adaptation, l'ingéniosité, l'intellect, le commerce, les voyages et les moyens de communication. Les *qualités* du mercurien sont l'aptitude à trouver des solutions à tous les problèmes, la subtilité, la souplesse, l'intellectualité, l'éloquence et les facilités pour écrire.

Ses *défauts* peuvent être la duplicité, la malhonnêteté et les erreurs de jugement par instabilité mentale.

Sur le plan *sentimental,* il est plus affectueux que passionné, instable et hésitant.

Diplomate dans ses relations avec autrui, il est gai, persuasif, mais son amour de la liberté l'empêche parfois d'obtenir des *professions* à haute responsabilité. Celles correspondant au mercurien sont celles de la presse et de l'imprimerie, de la mesure (géomètre, statisticien) et de la diplomatie.

Il est plus intéressé que dévoué, contourne les obstacles et manque de persévérance, ce qui marque son *destin.*

Sur le plan *anatomique*, Mercure gouverne principalement les poumons et le système nerveux mais influence également l'intestin et les troubles mentaux. Le mercurien doit surtout se méfier du surmenage nerveux.

Dans un *thème*, on consulte Mercure pour être renseigné sur l'intelligence en général, sur les facultés d'expression et les aptitudes à surmonter adroitement les obstacles. Par expérience, Mercure semble faible dans les six premiers signes du zodiaque et mieux placé dans les six derniers.

Vénus

Planète de Terre, féminine, Vénus a son domicile diurne dans la Balance et nocturne dans le Taureau. Elle est en exil dans le Bélier et le Scorpion, en exaltation dans le Poissons et en chute dans la Vierge.
– ses couleurs sont le vert et le rose;
– ses gemmes sont l'aigue-marine, le saphir clair, le corail rose, le lapis-lazuli et l'émeraude;
– son métal est le cuivre;
– son jour est le vendredi;
– ses plantes sont la rose, le lys, le jasmin, le muguet et le lilas;
– ses animaux sont le rossignol et la tourterelle;
– elle correspond à la IIIe lame du tarot: l'Impératrice.

Vénus, l'Aphrodite grecque, est la déesse de l'Amour et de la Beauté, par conséquent, de l'art et de la volupté. Selon le mythe, elle est née de la mer, fécondée par le membre viril d'Uranus, mutilé par Saturne et tombé sur les eaux. Considérée comme la maîtresse de Mars avec lequel elle trompe Vulcain, Vénus représente, en fait, les qualités féminines exactement opposées aux qualités masculines de Mars.

Vénus est le centre des impulsions amoureuses et de toutes les tendances qui unissent l'être humain vers son semblable. L'instinct sexuel, l'attrait du beau, l'enthousiasme, la ferveur et l'union mystique, la recherche de l'unité et de la fécondité prennent naissance dans le "centre d'énergie" vénusien qui demeure souvent bien proche de la destruction martienne. Vénus symbolise aussi l'imagination. Elle est reconnue comme étant une planète fortunée, apportant bonheur, chance et beauté, incitant à l'amour, donnant du charme et de la douceur au caractère.

Les *qualités* du vénusien sont la sympathie, la sentimentalité, la sociabilité, la gaieté, le charme et les goûts artistiques.

Ses *défauts* sont la paresse, la sentimentalité excessive et l'immoralité.

Chanceux en *amour* et dans le mariage, le vénusien connaît aussi une réussite *professionnelle* assez précoce et plutôt facile.

Sa réussite sociale ou honorifique est plutôt favorisée surtout si le sujet fait preuve de prévoyance et d'économie et s'il choisit une profession "vénusienne" (c'est-à-dire essentiellement artistique).

Le succès *de sa destinée* dépendant souvent de sa beauté physique, la période la plus favorable pour lui se situe dans les 30 ou 40 premières années de sa vie.

Sur le plan *anatomique*, Vénus gouverne les reins et les organes génitaux internes, influence la circulation veineuse et la gorge. Une forte influence vénusienne correspond à un tempérament sanguin et lymphatique.

Vénus se consulte dans le *thème* pour être renseigné sur l'acuité sensorielle, la sensibilité sentimentale et artistique et pour évaluer les chances et les malchances en amour. Vénus est le principal significateur des aptitudes artistiques (musique, théâtre, peinture...).

Mars

Planète de Feu, dynamique, Mars a son domicile diurne dans le Bélier et nocturne dans le Scorpion. Elle est en exil dans le Taureau et la Balance, en exaltation dans le Capricorne et en chute dans le Cancer.

- sa couleur est le rouge sang;
- ses gemmes sont le rubis, le grenat, la cornaline;
- son métal est le fer;
- son jour est le mardi;
- ses plantes sont le dahlia, la pivoine, le tabac et la rhubarbe;
- ses animaux sont le tigre, le vautour et le coq;
- elle correspond à la XVIᵉ lame du tarot: la Maison-Dieu.

Mars, le dieu grec Arès, préside à la guerre, aux combats et aux exercices militaires. Il trouve en Vénus le repos du guerrier et a laissé de lui, le souvenir d'un dieu cruel, sanguinaire et inexorable.

Mars est, par rapport à Vénus, à l'autre extrémité de l'énergie psychique. A l'un des pôles, le Yin vénusien, féminin, à l'autre le pôle Yang, martien, masculin. Mars symbolise l'action, la réalisation, le courage, la lutte et la destruction.

Ses *qualités* sont la vie active et mouvementée, les initiatives, la franchise, le courage, le goût du commandement et de l'entreprise.

Ses *défauts* sont l'agressivité, la violence, la haine, la sexualité sadomasochiste, la présomption, l'égoïsme, la témérité et la jalousie.

Sentimentalement, le martien recherche surtout les satisfactions sensuelles, rapides, mais, par jalousie, il peut se laisser entraîner dans des drames passionnels. Il est ardent et passionné en amour.

Très travailleur, il manque de logique et s'emballe facilement. Il est l'homme des décisions rapides, des travaux intenses, mais de courte durée. Il doit être secondé *professionnellement* par une personne tenace et réalisatrice. Les principales activités qui lui conviennent sont les carrières militaires, les métiers du fer et des armes, de la médecine ou du sport.

Le martien peut également être un professionnel de la révolution et de l'anarchie.

Son *destin* le pousse à cumuler largesse et désintéressement financiers; l'opinion des autres n'a absolument aucune importance pour lui.

Sur le plan *anatomique*, Mars gouverne la tête, les organes génitaux externes, la vésicule biliaire et les muscles. Il correspond à un tempérament bilieux sanguin.

Dans un *thème astrologique*, on consulte Mars appelée également "la Petite Infortune" pour pouvoir évaluer l'énergie, le courage, les aptitudes réalisatrices et les risques de blessure.

Jupiter

Planète d'Air, positive, Jupiter a son domicile diurne dans le Sagittaire et nocturne dans le Poissons. Elle est en exil dans le Gémeaux et la Vierge, en exaltation dans le Cancer et en chute dans le Capricorne. Elle est en très bonne place dans le Verseau.

– ses couleurs sont le bleu, le violet et le pourpre;
– ses gemmes sont l'améthyste, l'émeraude et le saphir;
– son métal est l'étain;
– son jour est le jeudi;
– ses plantes sont le laurier, l'eucalyptus, l'olivier, le cèdre, la violette et la marjolaine;
– ses animaux sont l'aigle et le paon;
– elle correspond à la Xe lame du tarot: la Roue de fortune.

Dans la mythologie, Jupiter, Dieu italique et romain assimilé au Zeus des Grecs, est le maître de l'Olympe, le premier des douze grands dieux.

Il règne dans les cieux, lance la foudre quand il est en colère contre les hommes. Epoux infidèle de Junon, l'acariâtre, il a détrôné son père Saturne qui gouvernait l'empire des immortels. Il a pour frère Neptune, dieu des mers et Pluton, dieu des enfers.

Jupiter symbolise l'ordre, la loi, le jugement, la chance,

"la Grande Fortune" alors que Vénus représente la "Petite Fortune". Il existe entre Jupiter et Saturne la même relation qu'entre Vénus et Mars. Saturne écrase et étouffe, c'est le triomphe du Père et du "Surmoi". Jupiter représente l'équilibre du Moi et du Surmoi, la victoire sur le Père.

Les *qualités* du jupitérien sont des qualités morales constructives telles que les grands projets, la tolérance, la générosité et l'amour de la vie.

Ses *défauts* sont l'orgueil, l'ostentation, l'hypocrisie, le goût excessif de la sexualité, du jeu et des risques.

Le jupitérien a de la chance et sait en profiter. S'il est en *amour* plus sensuel que sentimental, il fera souvent un mariage de prestige, utile aux honneurs qui doivent lui incomber.

Sur le plan *professionnel*, sa réussite est généralement aisée: les jupitériens sont souvent de hauts dignitaires, hommes politiques, magistrats, hauts fonctionnaires ou cadres supérieurs de l'administration ou de l'entreprise.

Autoritaire et muni d'un solide sens de l'organisation, il conduit des opérations de grande envergure.

Sur le plan *anatomique*, Jupiter gouverne le foie et la circulation artérielle, et peut-être les poumons. Une forte influence jupitérienne correspond habituellement à un tempérament sanguin et à un indice de bonne santé.

Dans un *thème*, on consulte généralement Jupiter pour connaître les aptitudes organisatrices, la précision du jugement et la chance en général. Dans tous les horoscopes, il a une grande influence sur les finances.

Saturne

Planète de Terre, négative, Saturne a son domicile diurne dans le Verseau et nocturne dans le Capricorne. Elle est en exil dans le Lion et le Cancer, en exaltation dans la Balance et en chute dans le Bélier.

– ses couleurs sont le noir et toutes les couleurs foncées;
– ses gemmes sont le jais, l'onyx et le corail noir;
– son métal est le plomb;
– son jour est le samedi;
– ses plantes sont le lierre, le houx et le peuplier;
– ses animaux sont le chien, la chouette et le serpent;
– elle correspond à la XVe lame du tarot: le Diable.

Saturne, ou Cronos pour les Grecs, régnait autrefois sur les dieux avant d'être détrôné par son fils Jupiter. Pour les Anciens, l'âge de Saturne était considéré comme l'âge d'or, perdu, dont ils attendaient le retour.

Saturne avait lui-même détrôné, auparavant, son père, Uranus. Avec son épouse Gaïa, il avait peuplé une partie de l'univers. Ses trois fils, Jupiter, Neptune, et Pluton se sont partagés le monde. Dieu de la mélancolie, il dévora ses enfants et était appelé la "Grande Infortune" par les Anciens.

Pôle inverse de Jupiter, il représente le Surmoi. Saturne symbolise le destin, la vieillesse, les extrêmes, la durée, la stabilité, la concentration, la patience et le repli sur soi. Les *qualités* du saturnien sont la prudence, la persévérance, la froideur, le sérieux, le sens du réalisme, du concret et de la logique précise.

Ses *défauts* sont la solitude, l'égoïsme, le pessimisme, l'intolérance, le refus du changement, l'entêtement et le scepticisme total.

Le Saturnien est capable de *sentiments* profonds et de fidélité, mais, par timidité, il a du mal à s'exprimer et est souvent malheureux en amour.

Sur le plan *professionnel*, on le voit plutôt dans les métiers de l'agriculture, des archives (histoire, archéologie), de la chimie, de la physique et de l'architecture.

Le saturnien a une *destinée* moins chanceuse que celle des autres. Tout au long de sa vie, il sera économe, voire avare, par excès de prévoyance.

Sur le plan *anatomique,* Saturne gouverne le système osseux, les dents, les cartilages, l'oreille droite, la vessie et la rate. De constitution assez délicate, mais résistante,

Saturne correspond généralement à un tempérament nerveux, bilieux.

Dans un *thème*, on consulte Saturne pour connaître la profondeur d'esprit, la patience, les changements importants et les épreuves en général. Cette planète joue également un rôle très important au point de vue de la santé.

Uranus[1]

Planète d'Air, agissant avec discordance, Uranus a son domicile dans le Verseau, est en exil dans le Lion, en exaltation dans le Scorpion et en chute dans le Taureau. On lui attribue comme métal le platine, et comme couleur le grenat, mais davantage par intuition que par expérience car toute recherche sur cette planète, découverte récemment, est difficile en raison de la longueur de son cycle: 84 ans et 7 jours.

Elle correspond à la XXIIe lame du tarot: le Fou.

Uranus, qui signifie ciel en grec, est le père de Saturne, le plus ancien maître des cieux. Il personnifie la voûte céleste. Détrôné, il s'est vu châtrer et ses parties génitales ensanglantées, tombant sur la mer, firent naître Aphrodite-Vénus.

Uranus représente l'énergie psychique indifférenciée, primitive, incontrôlée, la "libido". Il symbolise la nouveauté, le progrès, l'innovation, l'imprévu, la révolution et l'inconventionnel.

Les *qualités* de l'uranien sont l'originalité, l'intuition, la liberté d'action, le dévouement aux causes sociales et le goût des sciences et de l'occultisme.

Ses *défauts* sont l'excentricité, la brusquerie, la rébellion, la violence face aux obstacles et le déséquilibre.

---

[1] Il convient d'accorder moins d'importance à Uranus, Neptune et Pluton qu'aux sept autres planètes traditionnelles, car l'expérimentation est encore trop limitée pour ces planètes découvertes récemment.

En *amour*, il est peu sentimental et comme il aime choquer, il est souvent attiré par les personnes de son sexe, mais, instable, il ne supporte aucune chaîne, sentimentale ou professionnelle.

Sur le plan *professionnel*, le type uranien peut être savant, ingénieur, illusionniste ou occultiste.

Son *destin* ne le pousse pas à être intéressé par les biens terrestres et il dépense son argent quand il en a.

Sur le plan *anatomique*, on attribue à Uranus une influence sur le système nerveux et les maladies cérébrales. L'uranien a une bonne résistance physique.

Dans un *thème* astral, on consulte Uranus pour juger des dons intellectuels ou de la capacité d'innovation.

Neptune[1]

Planète d'Eau, négative et féminine, Neptune a son domicile dans le signe du Poissons, est en exil dans la Vierge, en exaltation dans le Lion et en chute dans le Capricorne. On consulte généralement Neptune pour connaître l'inspiration, l'intuition, les tendances mystiques, l'imprévu et les voyages.

Elle correspond à la XIIe lame du tarot: le Pendu.

Neptune, le Poséïdon des Grecs, fils de Saturne et frère de Jupiter, est le dieu des mers et des eaux. Il règne aussi sur les chevaux et leurs cavaliers. Avec son trident, il soulève les flots dans ses colères. La légende veut qu'il ait fendu la roche de l'Acropole à l'endroit où fut construit plus tard l'Erechthéion. Ses innombrables filles peuplent les océans comme les cours d'eau.

Neptune, symbole de la mer, qui, en psychologie, est la matrice de la conscience, gouverne l'inconscient individuel et collectif. Il symbolise l'inspiration, l'intuition, l'utopie, le mystère, le vice et l'hypocrisie.

[1] Cf. Note bas de la page 18.

Les *qualités* du neptunien sont les facultés psychiques, la spiritualité, une forte imagination, souvent utopique, et l'intuition.

Ses *défauts* sont le vice, la peur, la toxicomanie, les inversions, les perversions et la dissimulation.

Moyennement sensuel et *sentimental,* il est volontiers platonique. Imprévisible, il n'est stable qu'en apparence; chez lui, les divorces et les infidélités sont fréquents.

Tout au long de sa vie, sa *destinée* est d'être attiré par la rêverie. Cyclothymique, il passe d'un enthousiasme ardent à un pessimisme noir. Ses finances sont moyennes mais la chance arrive, en général au moment opportun.

Sur le plan *professionnel,* le neptunien doit choisir une occupation originale, intellectuelle, ou nouvelle. Il peut être facilement artiste, poète, peintre, occultiste ou explorateur.

Dans un *thème* astrologique, on consulte généralement Neptune pour connaître l'inspiration, l'intuition, les tendances mystiques, l'imprévu et les voyages.

Pluton[1]

Planète d'Eau, agissant plutôt en discordance, Pluton est encore mal connue car elle n'a été découverte qu'en 1930 par Percy Lowell. On attribue généralement son domicile dans le Scorpion et son exil dans le Taureau.

Pluton, Hadès pour les Grecs, est le fils de Saturne et le frère de Jupiter et de Neptune. Maître des Enfers, il a enlevé Proserpine, fille de Jupiter et de Cérès pour en faire sa femme et la Reine des morts. A l'époque, à Rome ou en Grèce, l'ensemble de ce mythe revêtait un aspect agricole très marqué et une signification saisonnière. Proserpine représente la végétation qui semble disparaître

[1] Cf. Note bas de la page 18.

sous terre, aux Enfers donc, pendant toute une période de l'année.

Mais il ne faut pas perdre de vue l'aspect psychologique de ces mythes agricoles. Pluton gouverne le monde souterrain qui réunit à la fois les Maudits dans le Tartare, et les Justes dans les Champs Elysées. C'est donc le justicier suprême, et non le diable, qui peut punir et récompenser. Il a aussi un rôle fécondant en faisant germer le blé qui meurt en terre pour renaître en moissons. Pluton ne crée pas mais transforme après une période de mort apparente.

Pluton est donc la planète de la transformation et des métamorphoses et son influence sur les masses est notable. Il personnifie la fraction inconsciente de l'individu et apparaît comme le maître des complexes, des régressions et des frustrations refoulées. Il symbolise la destruction purificatrice, les luttes constantes, physiques ou morales, la reconstruction et l'enthousiasme pour les changements profonds et radicaux.

Ses *qualités* sont le goût du nouveau, surtout sur le plan spirituel, l'enthousiasme, la force de volonté qui peut être aussi bien constructive que destructrice, et devient alors *un défaut*.

Le plutonien est un initié qui fait réfléchir et rechercher la vérité. Il veut transformer mais ne connaît pas toujours précisément les motifs qui le poussent à agir. Audacieux et indépendant, il fait preuve d'autorité et inspire la crainte. Les buts ultimes de sa vie sont l'élévation et la célébrité et il est doté d'un haut sens moral.

De nature grave et méditative, il agit toujours avec force, passion et exigence. C'est un solitaire que les critiques n'atteignent pas. Sceptique et jaloux, il aime dominer et être le chef. Il est difficile à vaincre en raison de sa force magnétique mais il aide les autres à prendre conscience de leurs possibilités. Il essaye d'échapper aux contraintes physiques.

Sa sensualité est très forte, de même que sa sensibilité affective et amicale.

Ayant une vie active et étant dans un état d'inquiétude permanente, Pluton provoque toujours de grands bouleversements, souvent inconsciemment, dans tous les domaines de l'existence. Pluton accorde, à ceux qui savent utiliser ses dons, tout ce qu'ils désirent, mentalement et financièrement, mais dans une atmosphère permanente de lutte, de choix extrêmes qui semblent toujours vitaux. Les plutoniens doivent donc choisir le bon chemin et réfléchir aux buts et moyens à adopter.

Dans un *thème* astrologique, Pluton représente la volonté de puissance dans ses aspects violents et ténébreux.

Les maisons

Les maisons sont des divisions actives du ciel, de diverses grandeurs (comme les quartiers d'une orange). Cette répartition de la voûte céleste en 12 maisons (6 au-dessus de l'horizon et 6 en dessous), déterminées en fonction du lieu terrestre de naissance, permet d'interpréter les influences générales des astres et du zodiaque d'une manière précise, et de différencier les gens nés le même jour mais à des heures différentes. En effet, la présence d'une planète dans un signe et les aspects qu'elle forme ont des sens très divers selon que l'on rapporte son symbolisme à des domaines différents de l'existence. Si les planètes animent les signes, les maisons permettent de dire dans quels domaines elles exerceront leurs influences. L'ensemble des caractéristiques de ces maisons symbolise et représente l'existence humaine.

Cette division, inventée par l'astronome arabe Albatan, demeure, bien que perfectionnée par la statistique, encore valable.

Il faut donc connaître, pour déterminer un thème astrologique, la situation des signes du zodiaque dans les maisons, car chaque maison a une signification divinatoire très précise.

Dans une *table des maisons,* on consultera le tableau concernant la latitude du lieu de naissance ou la latitude la plus proche.

En face du *temps sidéral* déterminé précédemment, on verra indiqués les signes occupant les maisons I, II, III, X, XI, XII; les maisons étant opposées deux à deux (I à

VII, II à VIII, III à IX, IV à X, V à XI et VI à XII) il est facile d'établir les autres.

Les 12 maisons ont été attribuées aux signes du zodiaque de la façon suivante:

● Maison I (Lion), V (Bélier), IX (Sagittaire), symbolisent les trois parties de l'affirmation individuelle et appartiennent à l'*élément Feu*.

● Maison II (Taureau), VI (Vierge), X (Capricorne), symbolisent les trois parties de la vie maternelle et concrète et appartiennent à l'*élément Terre*.

● Maison III (Gémeaux), VII (Balance), XI (Verseau), symbolisent les trois parties de l'union et appartiennent à l'*élément Air*.

● Maison IV (Cancer), VIII (Scorpion), XII (Poissons), symbolisent la vie extérieure au "moi" et appartiennent à l'*élément Eau*.

Les planètes

Il faut consulter des éphémérides pour connaître la position des planètes à l'instant de sa naissance. Si cette indication n'est portée que pour tous les 10 jours, il convient d'effectuer une règle de trois pour calculer le "pas de l'astre".

Exemple: si le 10 Novembre 1890, Mars était à 2°55′ du Verseau et le 20 Novembre à 10°15′ du même signe, Mars a avancé de 10°15′ - 2°55′ = 7°20′, soit 7°20′: 10 = 44′.

Pour pouvoir interpréter correctement les positions des planètes entre elles, il faut souligner que certaines positions, et nous dirons même certains aspects, sont particulièrement actifs.

Vous trouverez à la page suivante un tableau des aspects majeurs (parmi les plus importants) calculés en degrés de longitude.

Qualité	Aspects Majeurs	Ecart	
Dépend de la nature des planètes	Conjonction	0°	+ 10°
Bonne		30°	
Mauvaise		45°	
Bonne	Sextile	60°	+ 3 ou 4°
Mauvaise	⃞ Carré	90°	+ 8°
Bonne	△ Trigone	120°	+ 8°
Mauvaise		135°	
Bonne		150°	
Mauvaise	∞ Opposition	180°	+ 10°
		Au-delà de 190° cette qualité n'est plus valable.	

Description des maisons

Maison I: la vie, le monde du moi. En rapport analogique avec le signe Bélier et la planète Mars: le sujet, son caractère, sa personnalité.

Maison II: le gain, le monde de l'avoir. En rapport analogique avec le signe Taureau et la planète Vénus: les biens, l'argent accumulé, la fortune.

Maison III: l'entourage, les relations, les échanges et les contacts (lettres, téléphone, etc.) avec les proches, la famille et les voisins. En rapport analogique avec le signe Gémeaux et la planète Mercure.

Maison IV: le monde de ses bases, de ses racines, de son hérédité (famille, foyer, pays natal). En rapport analogique avec le signe Cancer et la Lune.

Maison V: le monde créatif et récréatif: les enfants, les amours, les jeux. En rapport analogique avec le signe Lion et le Soleil.

Maison VI: le monde du travail, des contraintes domestiques, et de la santé (l'alimentation et les petits animaux). En rapport analogique avec le signe Vierge et la planète Mercure.

Maison VII: la sociabilité, les unions, les associations, les mariages et les divorces, les collaborateurs ou les ennemis. En rapport analogique avec le signe Balance et la planète Vénus.

Maison VIII: le monde des crises, des transformations, des destructions et de la mort. L'argent en rapport avec les autres (conjoint, associé, héritage), les tendances inconscientes du sujet. En rapport analogique avec le signe Scorpion et la planète Mars.

Maison IX: le monde du lointain: sur le plan intérieur, la recherche spirituelle et abstraite; sur le plan extérieur, les voyages à l'étranger. En rapport analogique avec le signe Sagittaire et la planète Jupiter.

Maison X: le monde du pouvoir, de la carrière, de la chance, de la malchance et du destin en général. En rapport analogique avec le signe Capricorne et la planète Saturne.

Maison XI: le monde des projets, des relations et des amis. En rapport analogique avec le signe Verseau et les planètes Saturne et Uranus.

Maison XII: le monde des épreuves, des difficultés et des ennemis. En rapport analogique avec le signe Poissons et les planètes Jupiter et Neptune.

La règle d'interprétation première de la rencontre entre la planète et la maison est, grosso modo, la suivante: le sujet est lunaire dans le secteur qu'occupe la Lune, solaire dans celui du Soleil. Mais, pour une analyse plus fine, il faut considérer la place de la planète dans le signe et les aspects de celle-ci avec les autres points du thème.

Les signes

La science astrologique connaît 12 signes du zodiaque:

Bélier:	du 21 Mars au 20 Avril
Taureau:	du 21 Avril au 20 Mai
Gémeaux:	du 21 Mai au 21 Juin
Cancer:	du 22 Juin au 22 Juillet
Lion:	du 23 Juillet au 22 Août
Vierge:	du 23 Août au 22 Septembre
Balance:	du 23 Septembre au 22 Octobre
Scorpion:	du 23 Octobre au 21 Novembre
Sagittaire:	du 22 Novembre au 20 Décembre
Capricorne:	du 21 Décembre au 19 Janvier
Verseau:	du 20 Janvier au 18 Février
Poissons:	du 19 Février au 20 Mars

La science astrologique ne se borne pas simplement à fixer la période durant laquelle un signe a son commencement et sa fin, mais poursuit ses distinctions en établissant une différence entre les signes cardinaux, fixes et mobiles.
Sont *cardinaux* les signes suivants: Bélier, Cancer, Balance et Capricorne.
Sont *mobiles* les signes suivants: Gémeaux, Vierge, Sagittaire et Poissons.
Sont *fixes* les signes suivants: Taureau, Lion, Scorpion et Verseau.
Par ailleurs, à chaque élément appartient un groupe de trois signes établis de la manière suivante:

- à l'élément *Feu*, appartiennent: le Bélier (feu naissant), le Lion (feu culminant) et le Sagittaire (feu évolué, savant, achevé);
- à l'élément *Terre*, appartiennent: le Taureau (terre maternelle, nourricière), la Vierge (terre dépouillée qui a porté ses fruits, ses moissons) et le Capricorne (terre en sommeil pour recréer);
- à l'élément *Eau*, appartiennent: le Cancer (eau de naissance, source de vie), le Scorpion (eau stagnante, riche et trouble) et les Poissons (eau des mers infinies);
- à l'élément *Air*, appartiennent: les Gémeaux (air 1er souffle), la Balance (air immobile et serein) et le Verseau (air généreux que tous respirent).

Le *Feu* donne un tempérament sanguin.

La *Terre* donne un tempérament bilieux digestif.

L'*Eau* donne un tempérament nerveux, à dispositions intellectuelles.

L'*Air* donne un tempérament sociable, besoin d'espace et de communication.

La dernière distinction concerne les signes masculins et les signes féminins. Les signes *masculins* sont le Bélier, le Gémeaux, le Lion, la Balance, le Sagittaire et le Verseau, tandis que les signes *féminins* sont le Taureau, le Cancer, la Vierge, le Scorpion, le Capricorne et le Poissons.

LE CAPRICORNE

Le Capricorne est le 10ᵉ signe du zodiaque. Il est généralement représenté par une chèvre ou par un animal hybride, mi-terrien, mi-aquatique, au torse de bouc et au tronc de dauphin, une sorte de chimère à corps de chèvre et à queue de poisson. Le hiéroglyphe de ce signe évoque les cornes de la chèvre et la queue du poisson.

En cartomancie, le Capricorne correspond à la XVᵉ lame du Tarot à savoir le Diable, qui représente l'âme du monde, l'occultisme et la perversion, et dont l'interprétation divinatoire décèle une activité mentale et une puissance d'emprise physique et affective sur les autres.

Le Soleil se trouve dans le Capricorne du 21 Décembre au 19 Janvier, période qui correspond à la 1ʳᵉ phase de la saison d'hiver. Cette portion de 270° à 300° part du solstice d'hiver, moment où le Soleil est au plus bas de sa course et où, dans l'année, la nuit la plus longue rencontre le jour le plus court. Alors que le signe du Cancer symbolise le midi de l'année et la lumière, c'est-à-dire la période où les nuits sont les plus courtes, le Capricorne, à l'opposé, représente le minuit de l'année et les ténèbres.

La tradition astrologique fait commencer l'année avec le Bélier, le printemps de l'année. Avec le Capricorne, autre signe cardinal (c'est-à-dire qui marque le début d'une saison) commence le dernier quaternaire de l'année et l'hiver. La nature termine son cycle, la graine, apparue au moment du Bélier, s'est transformée en épi et a été moissonnée pendant le mois de la Vierge.

Pendant le signe du Capricorne, tout est nuit et froid dans la nature, tout est dépouillé et silencieux: il n'y a ni végétation ni reproduction. C'est la terre sèche et glacée de Janvier: les animaux hibernent, les hommes tentent de se réchauffer.

A cette période de l'année la terre se prépare, se concentre pour pouvoir recevoir les nouveaux germes du printemps. Elle porte en virtualité toutes les substances nutritives, mais elle reste dépouillée, alors qu'au signe du Taureau, autre signe de Terre (Avril-Mai), la terre est grasse et humide et qu'au signe de la Vierge, elle est desséchée par le Soleil.

Cette terre saturnienne, en attente de l'éclosion de la vie, porte le signe du Capricorne à être celui des longues échéances. C'est la maison X qui est attribuée à ce signe, maison où le soleil passe à midi et où les astres culminent, sorte de sommet, de midi terrestre vers lequel la chèvre tente de s'élever.

Par le moment de l'année qu'il occupe, le Capricorne s'attache à la conception des choses et à la réflexion qui s'inscrit dans un but précis.

La relation qu'il entretient avec le Cancer (été), son signe opposé, est du même ordre que celle qui relie la base au sommet, le ruisseau à la montagne, l'intime au social. La vie a pris chair, dans la chaleur de l'été, elle se désincarne, se dématérialise et se fond dans la vie collective et sociale.

Chacun des 12 signes est régi par l'un des quatre éléments cardinaux: l'Air, le Feu, la Terre et l'Eau. Ces éléments sont eux-mêmes composés de quatre qualites dites élémentaires qui sont le chaud, le froid, le sec et l'humide . Celui qui est chaud est extraverti, il est dynamique et ouvert sur l'extérieur. Le froid correspond à l'introversion, le geste et l'expression sont lents et la réflexion plus profonde. Le sec est le signe de la tension interne, de l'indépendance, de l'obstination, peut-être même de l'égoïsme. L'humide est souple, détenu, et dans ce cas la personnalité est malléable mais manque parfois de fermeté.

C'est en combinant ces qualités deux par deux que l'on obtient les quatre éléments: le chaud et le sec donnent le Feu, le froid et le sec donnent la Terre, le froid et l'humide donnent l'Eau, et le chaud et l'humide donnent l'Air.

Le Capricorne est un signe de Terre.

Le signe du Capricorne est sous la domination de Saturne, l'impitoyable Dieu du temps, chargé de nous faire accepter les épreuves, la séparation ombilicale avec la mère et les ambitions terrestres. Saturne est féroce et exigeant, mais il représente la condition de l'évolution et de l'élévation de l'homme, de la liberté et de l'épanouissement de son intelligence, libérée de ses passions et de ses instincts. Honni par son père et jaloux de ses enfants, le côté maudit de Saturne correspond à une frustration affective difficile à pallier. Certains natifs du Capricorne chercheront à sublimer dans l'ambition et la puissance, d'autres baisseront les bras sous le signe du renoncement. Ces deux tendances pourront également coexister dans le même individu et marqueront fortement la personnalité du Capricorne qui, en tout état de cause, sera habitué à la lutte et souffrira donc moins que les autres.

Mythologie

Dans toutes les traditions, le Capricorne est représenté comme le signe de la dualité. Il personnifie le dieu Pan, qui, par peur du monstre Typhon, se transforma en un être amphibie, chèvre à queue de poisson, ainsi que le dieu latin Janus, dont une face regarde le passé et l'autre l'avenir. Janus a donné son nom au mois de Janvier qui finit une année et en commence une autre. Une autre symbolisation du Capricorne se retrouve dans la tradition chrétienne même: le Christ conçu dans le Bélier naît au Capricorne neuf mois après. Ce signe marque donc l'incarnation du Verbe par excellence.

Selon la légende, un Capricorne nommé Aïgokeros aurait été la nourrice de Jupiter. Rhéa, la mère de Jupiter, avait décidé de séparer son enfant de son époux Saturne, car celui-ci voulait le dévorer. De l'union de Jupiter et de sa nourrice naquit Aïgipan qui aida son père à lutter contre Saturne et les Titans. Aïgipan représente le mythe de l'homme; il symbolise à la fois la maturité et la jeunesse, ainsi que le libre arbitre.

La planète de tutelle du Capricorne est Saturne. Dieu du temps, Saturne est accessoirement le patron des paysans et des vignerons. Il est généralement personnifié par un vieillard nu, vêtu seulement d'un manteau et portant une faux dans la main. Ce dieu est le symbole de la mélancolie, de l'isolement, de l'impassibilité et de la rigueur. En conséquence, le Capricorne sera un homme de la terre, rigoureux et austère, méprisant les compromissions, l'hypocrisie et la corruption.

La rigidité de ses convictions et son habitude de réfléchir et d'analyser le pousseront à peser le pour et le contre avant de prendre toute décision.

Saturne, dieu du Destin, représente aussi la confrontation de l'intelligence avec le destin. Le Capricorne représente donc le problème de la destinée et de sa fatalité, du libre arbitre et de la lutte pour orienter sa destinée.

Rappelons la légende du dieu Saturne. Fils d'Uranus (dieu du Ciel) et de Géa (la Terre), il réussit à éviter la jalousie de son père qui envoyait tous ses enfants en Enfer. Il le tue grâce à une faucille donnée par sa mère. Du sang d'Uranus jaillissent les Furies et de sa semence répandue sur la mer Vénus-Aphrodite.

Saturne prend alors la place de son père. Mais Géa, sa mère, lui apprend qu'elle sait par un oracle que Saturne aura la même destinée que son père. Saturne pense alors défier le Destin en dévorant tous les enfants qu'il a eus de sa femme Rhéa. A la naissance de Jupiter, Rhéa ruse et donne à manger à Saturne une pierre emmaillotée lui faisant croire qu'il s'agit de Jupiter. Ce dernier réussit par la suite à triompher de son père et des Titans. Selon une autre légende, Rhéa obligea son mari à boire un breuvage qui lui restitua tous ses enfants. Ce qui, par la suite, symbolisa le mythe du temps qui garde et accumule tous les projets, pour les restituer ultérieurement.

Saturne vaincu s'enfuit en Italie, où il est accueilli par Janus. Il connaît alors une période de prospérité et de sagesse, que l'on appela l'Age d'or et qui était commémorée par les Romains à l'occasion des Saturnales, fêtes de la licence, de la débauche, et du défoulement nécessaire à la vie sociale.

Après avoir éprouvé la haine, et fait preuve de cruauté et de violence, Saturne accéda à une grande sagesse. La fin de cette légende met en relief deux caractéristiques du signe du Capricorne: d'une part, la dualité du signe, d'autre part la présence d'une liberté qui permet d'orienter son destin.

Les planètes dans le Capricorne

Les planètes peuvent agir de façon harmonieuse (*H*) dissonante ou discordante (*D*) dans les signes selon leur place et les aspects qu'elles forment entre elles.

Soleil dans le Capricorne

H: honnêteté, prudence, persévérance mais trop grande hésitation, indécision, ou repli sur soi.
D: pessimisme, égoïsme, méfiance vis-à-vis d'autrui, ambition sans moyens suffisants.
Le Soleil indique dans le Capricorne une personnalité froide et calculatrice. Le sujet vit un peu trop dans le passé et cherche à créer son avenir à l'aide de ses souvenirs.
Il est très persévérant mais en proie à de violentes et pénibles luttes intérieures qui le conduisent soit à des actions désordonnées, soit à l'apathie.

Lune dans le Capricorne

H: timidité et manque de confiance en soi, travail intense et ambition cachée.
D: pessimisme, propension aux dépressions et à la solitude sentimentale, arrogance.
La Lune se trouve en exil dans le Capricorne; elle

renforce le refoulement de l'instinct et de la sensibilité. Des ennuis se présentent au sujet quand il essaie de sensibiliser ses rapports. Dans sa vie intime, son équilibre psychique est assez compromis et influencé par de grandes inhibitions. Il préfère investir dans sa réussite et son affirmation sociale aux dépens de sa vie et de sa spontanéité affective.

Mercure dans le Capricorne

H: analyse, jugement logique, lent mais précis; diplomatie, pessimisme, recherche métaphysique, scrupules excessifs.
D: rancune, égoïsme, manque de sociabilité.
Mercure, planète de l'intelligence et du raisonnement, qui donne à la Vierge son esprit d'analyse, permet au Capricorne une réflexion à plus long terme de plus grande envergure et dirigée vers des objectifs lointains mais précis. Elle favorise la spéculation intellectuelle et métaphysique, fait de grands savants, philosophes ou hommes politiques.
Mais l'intelligence est froide, détachée des êtres et des choses, sauf quand ceux-ci peuvent lui être utiles. La raison passe toujours avant la spontanéité et l'instinct, refoulés dans les limbes de l'inconscient. Cette forme d'intelligence "agressive" blesse souvent la sensibilité des autres.

Vénus dans le Capricorne

H: difficulté à communiquer et à manifester ses sentiments par timidité, crainte ou pudeur; amours stables, profondes mais discrètes.
D: provocation, infidélité, dépensier.
Vénus n'est pas en position très heureuse dans le Capri-

corne: sensibilité refroidie, disciplinée, introversion et mélancolie saturnienne.

La froideur dans les sentiments est souvent imposée par la volonté et la raison. Le sujet s'efforce d'adopter une attitude amère et cynique pour s'interdire de tomber amoureux. Ses relations amoureuses fonctionnent davantage sur le registre du respect, de l'estime et du détachement que sur celui de la passion ardente.

Mars dans le Capricorne

H: autorité rigide, tenace et orgueilleuse, sens des responsabilités.

D: rébellion, manque de diplomatie et de prudence.

Mars donne au caractère plus de fermeté, d'envergure et de volonté et le rend plus constructif.

La signification guerrière de Mars donne au taciturne Capricorne une agressivité raisonnée; il sait à quoi il pourra aboutir. L'individu canalise ses forces vers un objectif précis. Il est courageux, beaucoup plus prudent que le Bélier ou le Scorpion. Il garde la tête froide et ne se précipite pas dans ses actions même dans les situations les plus embrouillées, ce qui lui permet de dominer les événements qui lui arrivent.

Jupiter dans le Capricorne

H: hautes qualités morales mais rigidité, autorité et confiance en soi excessives.

D: avarice, mesquinerie, malchance.

Jupiter renforce les ambitions sociales, la passion du pouvoir et le sens de l'organisation politique.

Le Capricorne n'est pas un timide comme la Vierge, mais un introverti. Il ne prend pas de gants si quelque chose ne lui plaît pas ou lui apparaît comme négatif. La présence de Jupiter dans ce signe fait ressembler le Capricorne au Scorpion, sauf que ce dernier a plus de poigne. Le Capricorne, pour servir son ambition, a besoin parfois de se rendre aux opinions d'autrui.

Saturne dans le Capricorne

H: intégrité, méthode, indépendance.
D: froideur, isolement et dureté de caractère. La fin justifie les moyens.
Saturne confirme le signe dans son abstraction, sa concentration et son dépouillement et porte le natif du Capricorne aux grandes ambitions ou au renoncement total. L'individu recherche son propre "Moi" dans ses rapports avec le monde extérieur.
L'union d'une planète froide et d'un signe froid font de ce sujet quelqu'un qui recherche et parvient à une vie sereine et tranquille, tant sur le plan affectif que professionnel. Il occulte ses problèmes personnels et les déplace sur le plan universel.

Uranus dans le Capricorne

H: pensée sérieuse, positive et profonde.
D: entêtement et irréalisme.
Grâce à sa constance et à son intelligence froide et rationnelle, le sujet pourra venir à bout des projets ambitieux qu'Uranus a fait germer dans son esprit. Il est habitué à résoudre tous les problèmes auxquels il est confronté.

Neptune dans le Capricorne

H: concentration mystique visant à obtenir des résultats pratiques.
D: trop d'impulsions dangereuses.

L'influence de Neptune est plutôt favorable. Les capacités de concentration et de réflexion de l'individu le rendent plus propice à l'action et lui permettent ainsi de s'affirmer sur tous les plans.

Pluton dans le Capricorne

H: froideur, stérilité et lenteur intellectuelle.
D: critique et détruit sans reconstruire.
Cette planète rend le natif du Capricorne plus caustique et négatif, sa rigueur intellectuelle aiguise son sens critique et rend sa pensée incapable de construire.

Le Capricorne dans les maisons

Le Capricorne en maison I ou Soleil en Capricorne

Sur le plan mental et spirituel, le Capricorne possède de bonnes qualités de réflexion, de méditation et de concentration. Il travaille et étudie avec beaucoup de méthode et d'application. Il assimile lentement mais sûrement, ce qui le rend apte aux longs travaux de compilation ou d'érudition. Il semble plus doué pour les mathématiques que pour les matières qui demandent de l'imagination. Sa spiritualité n'est pas forcément de haut niveau; c'est plutôt un sceptique ou un libre penseur.

Sur le plan sentimental, le Capricorne, derrière une apparente indifférence ou une certaine froideur, cache une sensibilité assez vive. Il est peu démonstratif mais pourtant d'une grande constance dans ses goûts et ses sentiments. Si dans son thème Vénus est affligée, le Capricorne peut avoir une sensualité attirée par le vice. En société, le Capricorne n'est pas toujours apprécié. Pessimiste et mélancolique il n'est, de plus, pas forcément complaisant ni expansif. Il est méfiant, dur et susceptible, aussi exigeant pour les autres que pour lui-même.

Il sait mener à bien ce qu'il entreprend, mais il manque parfois de faculté d'innovation ou de fantaisie. Méthodique, consciencieux et patient, il est quelquefois paralysé par un sens trop aigu des responsabilités et des hiérarchies.

Sur le plan professionnel, le Capricorne, malgré une chance relativement limitée, progresse lentement mais en général avec succès grâce à son ambition et son mérite personnel, et grâce aux efforts qu'il fournit pour atteindre les objectifs qu'il s'est donnés. Dans la gestion de son budget, il est économe et prévoyant.

En amour, le Capricorne n'est pas un Don Juan qui cumule les aventures. Il vit très bien seul et, s'il se marie, ce sera plutôt pour former une union de raison, durable, mais peu passionnante.

Les professions qui conviennent le mieux au Capricorne sont celles de l'agriculture, de l'élevage ou des travaux de compilation (archives, bibliothèques).

Le Capricorne en maison II

La maison II représente le monde de l'avoir et du gain. Lorsque le Capricorne y est situé, il annonce pour l'individu une situation financière correcte, stable et régulière acquise grâce aux différentes qualités de ce signe: patience, opiniâtreté, prévoyance et économie.

Le Capricorne en maison III

Dans cette maison qui concerne les relations, le Capricorne indique une tendance à l'indifférence ou à la jalousie dans les rapports familiaux. Le sens pratique et les études minutieuses sont favorisés.

Le Capricorne en maison IV

Dans le domaine familial, l'harmonie n'est pas spécialement réussie. Généralement issu d'une famille plutôt aisée, le sujet a du mal à créer un foyer chaleureux et uni dans lequel les relations sont spontanées. Les liens familiaux sont pourtant stables même si la famille est dispersée géographiquement.

Le Capricorne en maison V

L'emplacement dans cette maison créative (enfants) et récréative n'est pas très propice aux aventures amoureuses. Celles-ci sont peu fréquentes et assez souvent vouées à l'échec. Le sujet est prédisposé à avoir un nombre d'enfants raisonnable et plutôt des garçons.
Selon la place de Saturne, le natif peut réaliser des gains importants dans les placements immobiliers. Si Saturne est mal accepté, tout jeu ou spéculation sont à éviter.

Le Capricorne en maison VI

Dans cette maison de la contrainte et du travail, le Capricorne ne favorise pas spécialement le sujet. Son emploi est stable et son travail consciencieusement rempli, mais ces derniers sont péniblement ressentis par le sujet car ils ne correspondent pas à ses aspirations profondes tant sur le plan psychologique que financier.

Le Capricorne en maison VII

La position dans cette maison, qui représente l'union, peut être considérée comme globalement favorable. Le mariage est plutôt tardif, le conjoint est souvent plus âgé; si l'entente n'est pas toujours parfaite, l'union a en général des effets bénéfiques pour l'individu.
Selon la position de Saturne, les associations sont solides, utiles ou nuisibles.

Le Capricorne en maison VIII

Cette position n'est pas très favorable: santé aléatoire du natif et de ses proches, héritages provoquant des litiges.

Le Capricorne en maison IX

Par ambition ou par nécessité professionnelle, le sujet peut être amené, dans cette maison qui représente les voyages et la vie spirituelle, à changer de lieu de résidence pendant la première partie de sa vie.

Sur le plan intellectuel, cette position semble accroître l'aptitude aux hautes spéculations de l'esprit ainsi que les capacités de réflexion, de patience et de concentration.

Le Capricorne en maison X

Dans cette maison attribuée par analogie au Capricorne, cette position accroît l'ambition du sujet, son désir de réussite sociale, son activité et sa persévérance. La réussite est lente mais régulière grâce aux efforts personnels du sujet; elle est donc à peu près certaine.

Les carrières politiques ou militaires semblent favorisées.

Le Capricorne en maison XI

Cette position dans la maison des amitiés conduit le sujet à resserrer le cercle de ses amis sûrs et fidèles. Il n'est pas mondain et préfère la qualité à la quantité de ses relations. Ses amis sont des personnes de grand mérite qui lui apportent l'appui moral dont il a besoin. Il ne doit pas attendre un soutien financier de leur part, mais une aide dans l'évolution de sa situation.

Le Capricorne en maison XII

Dans cette maison des épreuves, le Capricorne fait apparaître le risque de quelques difficultés qui viennent pour la plupart des manœuvres de son entourage.

L'ascendant

Dans la personnalité de l'individu, l'influence de l'ascendant est aussi déterminante que celle du signe solaire de base. L'ascendant précise ou corrige le signe de base, il en atténue ou en renforce les tendances essentielles.
Pour affiner la description d'une personnalité, il faut donc analyser la combinaison des deux signes plutôt que chaque signe séparément.
Nous pensons donc, comme la plupart de ceux qui se sont penchés sur la question, que les caractéristiques principales de l'individu sont les mêmes que celui-ci soit, par exemple, Bélier ascendant Capricorne, ou Capricorne ascendant Bélier.
Tout au plus peut-on dire que le signe solaire représente l'idéal du Moi, l'élément naturel influencé par la saison, et quasiment prédestiné chez l'individu, alors que le signe ascendant est plus fortuit. Ce dernier représente davantage le Moi conscient, la libre volonté et la personnalité que l'individu peut maîtriser.

Votre ascendant est dans le *Bélier* si vous êtes né:
du 21 au 31 Décembre   entre 12 h 20 et 13 h 20
du 1 au 10 Janvier   entre 11 h 40 et 12 h 40
du 11 au 19 Janvier   entre 11 h 20 et 12 h 00

Votre ascendant est dans le *Taureau* si vous êtes né:
du 21 au 31 Décembre   entre 13 h 20 et 14 h 40
du 1 au 10 Janvier   entre 12 h 40 et 14 h 00
du 11 au 19 Janvier   entre 12 h 00 et 13 h 20

Votre ascendant est dans le Gémeaux[1] si vous êtes né:
du 21 au 31 Décembre   entre 14 h 40   et 16 h 25
du 1 au 10 Janvier   entre 14 h 00   et 15 h 40
du 11 au 19 Janvier   entre 13 h 20   et 15 h 10

Votre ascendant est dans le *Cancer* si vous êtes né:
du 21 au 31 Décembre   entre 16 h 25   et 19 h 40
du 1 au 10 Janvier   entre 15 h 40   et 18 h 20
du 11 au 19 Janvier   entre 15 h 10   et 17 h 40

Votre ascendant est dans le *Lion* si vous êtes né:
du 21 au 31 Décembre   entre 19 h 40   et 21 h 40
du 1 au 10 Janvier   entre 18 h 20   et 21 h 00
du 11 au 19 Janvier   entre 17 h 40   et 20 h 20

Votre ascendant est dans la *Vierge* si vous êtes né:
du 21 au 31 Décembre   entre 21 h 40   et 0 h 20
du 1 au 10 Janvier   entre 21 h 00   et 23 h 40
du 11 au 19 Janvier   entre 20 h 20   et 23 h 20

Votre ascendant est dans la *Balance* si vous êtes né:
du 21 au 31 Décembre   entre 0 h 20   et 3 h 00
du 1 au 10 Janvier   entre 23 h 40   et 2 h 20
du 11 au 19 Janvier   entre 23 h 20   et 1 h 40

Votre ascendant est dans le *Scorpion* si vous êtes né:
du 21 au 31 Décembre   entre 3 h 00   et 5 h 40
du 1 au 10 Janvier   entre 2 h 20   et 5 h 00
du 11 au 19 Janvier   entre 1 h 40   et 4 h 20

Votre ascendant est dans le *Sagittaire* si vous êtes né:
du 21 au 31 Décembre   entre 5 h 40   et 8 h 10
du 1 au 10 Janvier   entre 5 h 00   et 7 h 30
du 11 au 19 Janvier   entre 4 h 20   et 6 h 40

---

[1] Par définition Gémeaux désignant la constellation zodiacale est un terme masculin pluriel, nous avons cependant respecté l'usage astrologique qui traite "le" Gémeaux en tant que personne unique native du signe, tout en lui conservant le *x* marque du pluriel.
Ce sera la même chose pour "Poissons".

Votre ascendant est dans le *Capricorne* si vous êtes né:
du 21 au 31 Décembre   entre 8 h 10 et 10 h 00
du 1 au 10 Janvier   entre 7 h 30 et 9 h 20
du 11 au 19 Janvier   entre 6 h 40 et 8 h 40

Votre ascendant est dans le *Verseau* si vous êtes né:
du 21 au 31 Décembre   entre 10 h 00 et 11 h 20
du 1 au 10 Janvier   entre 9 h 20 et 10 h 40
du 11 au 19 Janvier   entre 8 h 40 et 10 h 20

Votre ascendant est dans le *Poissons* si vous êtes né:
du 21 au 31 Décembre   entre 11 h 20 et 12 h 20
du 1 au 10 Janvier   entre 10 h 40 et 11 h 40
du 11 au 19 Janvier   entre 10 h 20 et 11 h 20

Capricorne/Bélier

Il y a a priori contradiction entre ces deux signes, entre la fougue du Bélier et les tendances taciturnes et mélancoliques du Capricorne; entre un signe chaud, explosif et exubérant et un signe froid et concentré. L'individu est donc plutôt sujet à des phases de passion, d'instinct et d'impulsion qui alternent avec des périodes de réflexion et de méditation. Ce mélange peut aussi lui donner une dualité intérieure, entre un côté réfléchi et hivernal et un autre instinctif et passionné. Quand l'équilibre est harmonieux, ces tendances se fondent dans une volonté rude et rigoureuse chez un individu très équilibré et épanoui. Celui-ci n'admet pas les demi-mesures ni les compromis, et se sent destiné à faire de grandes choses, lorsque la puissance de sa volonté se concentre avec rigueur vers un but ambitieux. Il doit alors se surveiller pour ne pas sombrer dans le fanatisme. Cette fusion qui provoque une lutte intérieure mais une persévérance plus tenace dans la réalisation de ses projets, permet au Bélier de devenir plus réfléchi, plus constant, plus fort, et plus philosophe que ne l'y conduirait sa nature.

Le Capricorne apporte ambition et patience, solidité et durée dans la réalisation des projets du Bélier et l'équilibre dans sa vie sentimentale.

Capricorne/Taureau

Deux signes de Terre qui ravivent la force et la concentration du natif de cette configuration. L'individu est alors obstiné et persévérant. Pour lui, la fin justifie parfois les moyens et l'on trouve dans ce type mixte des hommes comme Hitler, Staline ou Turgot.

Le signe du Capricorne confère patience et persévérance au Taureau, il le détourne des égarements et le fait réfléchir. Il apporte sa maturité dans les sentiments et l'action, et aide l'individu à résoudre et à surmonter ses difficultés. Cette union favorise donc une très grande capacité de concentration intellectuelle et pousse l'individu à sortir de la masse, à mener une vie sans contrainte, et à jouir d'une situation sociale enviable.

Capricorne/Gémeaux

L'union de ces deux signes fait coexister deux personnages intérieurs: l'un discipliné et sévère, l'autre jeune, mobile et adaptable. Si l'individu rassemble les qualités attribuées à ces deux signes, il peut être mu par une ambition souple et pondérée, une volonté de puissance habile et non aveugle.

En effet, les deux signes se fascinent mutuellement tant ils sont différents. Le sérieux, l'ambition froide et la régularité du Capricorne émerveillent et stabilisent le Gémeaux. La fantaisie du Gémeaux amuse le Capricorne et lui apprend à ne pas tout prendre au sérieux. Celui-ci en revanche l'aidera à observer, à apprendre et à approfondir; la noblesse et la légèreté pourront ainsi s'unir, dans ce signe mixte, à la sévérité et à la discipline.

Si la tendance Capricorne domine, l'individu accroît sa stabilité, sa loyauté et la sincérité de ses sentiments. A l'inverse, si c'est le Gémeaux qui prime, il y a risque d'instabilité dans le domaine sentimental et financier et des possibilités d'erreurs et de querelles. Le natif de ce signe mixte devra donc cultiver les aspects positifs de ces deux signes.

Capricorne/Cancer

C'est le portrait d'un type ambivalent au sein duquel s'affrontent des tendances antinomiques. Le côté émotif, vulnérable et enfantin du Cancer s'oppose à la froideur et à l'instabilité du Capricorne. Dans son for intérieur, l'être est divisé et tourmenté, il risque de se réfugier dans l'amour du passé. Le natif de ce signe mixte se caractérise donc par un naturel émotif et infantile enclin à la froideur et à la sévérité.

La riche fantaisie du Cancer provoque parfois de morbides soupçons à l'encontre du cercle familial ou des relations du sujet qui se sent alors incompris et devient passif.

La nature sérieuse et pondérée du Capricorne réussit parfois à calmer la trop grande exubérance du Cancer. Mais en général, professionnellement et sentimentalement, l'individu subit dans un premier temps des oscillations et des tourments avant de trouver la sérénité.

Capricorne/Lion

La fougue du Lion peut servir l'ambition froide et concentrée du Capricorne. La passion et l'énergie sont alors dirigées vers un besoin de prestige, d'élévation spirituelle, morale ou sociale.

La rencontre de ces deux signes se présente sous les

meilleurs auspices et renforce les possibilités de l'individu. Le Capricorne apporte sérieux et confiance au Lion, amour du devoir et passion.

L'ambition domine donc cette fusion.

L'individu est motivé par un désir démesuré de briller en société et d'accumuler les biens.

Capricorne/Vierge

Cet individu aime le travail et la vie simple, mais, saisi par de fortes ambitions, il vise à acquérir une maîtrise au niveau des responsabilités qu'il recherche. Lucide et résolu, il consacre toute sa vie à atteindre le but qu'il s'est fixé. Ses exigences et son intransigeance restent bien contrôlées par ses qualités de rigueur, de discipline, de conscience et sa capacité d'ascétisme.

La rigueur de la Vierge canalise et discipline l'ambition du Capricorne. Cet être intransigeant est doué d'une grande lucidité et d'une solide fermeté. Il consacre sa vie au but à atteindre ou à la prise des responsabilités qu'il recherche, et sait concilier son ambition matérielle et spirituelle avec son goût pour la vie simple. Cette union très heureuse laisse présager des succès dans tous les domaines, mais le sujet doit se méfier de ses tendances égocentriques.

Capricorne/Balance

Si la synthèse est bien faite entre un côté frivole et superficiel et une tendance austère, ambitieuse et disciplinée, l'individu peut être un habile opportuniste.

Mais le plus souvent, ces deux personnalités ont du mal à s'accorder. Le caractère ouvert et charmant de la Balance est transformé au contact du Capricorne. Le Capricorne, signe d'hiver, silencieux, immobile, diminue l'émotivité et les conflits intérieurs de la Balance. Elle le fait réfléchir, le presse vers un peu plus de réalisme et moins de frivolité et permet à l'individu d'être une individualité très originale. C'est un être doué de grandes qualités et de riches possibilités d'évolution spirituelle mais qui le portent, de temps à autre, à adopter une attitude orgueilleuse, blessante pour son entourage.

Quand la synthèse de ces deux signes est mal faite, elle peut créer un trouble, une individualité étrange et tortueuse et une personnalité qui paraît gaie et sans souci mais qui peut être aussi sceptique et cynique.

Ce type mixte doit également réussir à concilier extroversion et introversion, les deux tendances contraires de ces deux signes.

Capricorne/Scorpion

Passion et exaltation de la volonté font le plus souvent de ce sujet un être héroïque et lucide, ce qui le rend bien armé pour combattre ses démons intérieurs, rançons de son introversion excessive, ou pour lutter contre un environnement agressif. Cette réunion de signes qui conjugue les forces des planètes Mars et Saturne est des plus brillantes: une personnalité très riche, dotée d'esprit d'initiative, désireuse de gagner de l'argent, animée d'une grande volonté de réussir et d'un courage étonnant.

La vie amoureuse est riche et passionnée, et les relations de travail harmonieuses et efficaces. La lucidité s'unit au courage, l'agressivité au sens de la responsabilité, et le sens du devoir et du sacrifice donnent une forte impulsion à cette forte personnalité.

Capricorne/Sagittaire

C'est un individu pétri de vastes ambitions sociales ou spirituelles auquel il faut souhaiter une grande passion qui puisse donner un sens unique à sa vie et lui permettre de mettre ses ambitions au service de ses aspirations. Qu'il soit missionnaire ou chef, mieux vaut une ambition qui aboutisse que de multiples passions éparpillées et désordonnées et qu'un naturel méfiant, tourmenté par des soupçons sans fondement. L'individu de ce signe mixte est en effet porté naturellement à dévaluer le sens de l'existence et à avoir des idées fixes.

Capricorne/Capricorne

Le Soleil et l'ascendant en Capricorne font de cet individu un Capricorne pur dont les qualités et les défauts sont valorisés.
C'est un individu réfléchi et concentré, empreint d'une certaine froideur sur le plan de la pensée et des sentiments. Il est plus abstrait qu'imaginatif, plus méthodique et consciencieux que fantaisiste. Il construit essentiellement sa personnalité autour de sa carrière sociale. D'ailleurs la maison qui lui est attribuée par analogie est la maison X, celle qui représente la profession, la réputation et les honneurs. En société, il n'est pas très recherché car il est mélancolique et taciturne. Mais sur le plan professionnel il est compétent et réussit bien car il est travailleur et tenace.

Capricorne/Verseau

Ces deux signes d'hiver font prévaloir les tendances saturniennes: vie intérieure, froid, concentration, sérieux. L'esprit et la volonté de cet individu le pressent à la plus haute spéculation métaphysique ou au détachement et à la sagesse. Il peut s'orienter vers une existence introvertie, froide et morne ou être porté vers des buts désintéressés, le renoncement ou le détachement. Ses terrains d'activité favoris sont généralement les domaines technique et scientifique.

L'individu doit éviter de se complaire dans des attitudes de supériorité qui servent en fait à dissimuler ses faiblesses intimes, son manque d'un véritable fondement moral et spirituel.

La réussite de cet individu est généralement en-deçà de la somme d'énergie dépensée.

Capricorne/Poissons

Superposition ou synthèse de deux tendances bien différentes, dans ce type mixte. Le sérieux, la volonté et la discipline du Capricorne peuvent permettre à cet individu de se stabiliser, d'adopter une personnalité cohérente et solide. Il a un vif désir de s'élever au-dessus de son milieu social d'origine afin de se réaliser pleinement. Son ascension est lente et pénible, mais couronnée de succès. Sa préférence va aux activités intellectuelles, politiques et littéraires.

Il est parfois sous le coup de l'angoisse ou atteint par la maladie de la persécution. Son esprit de sacrifice, son sérieux et sa conscience professionnelle s'unissent à la négligence qui atténue ses tendances à la spéculation.

Psychologie du Capricorne

Le symbolisme et la mythologie liés au Capricorne permettent de dresser les grandes lignes de la personnalité du natif de ce signe. Positiviste, il a le sens du concret et du matériel. Il est secret mais diplomate, agit avec ordre et méthode, réfléchit avec sérieux, profondeur et persévérance.

Aimant la solitude, il risque de tomber dans certains défauts ou certains excès et peut devenir un être asocial, trop isolé et pessimiste, buté dans ses pensées, ses sentiments ou ses actions.

Le Capricorne a tendance à juger le monde ou les gens qui l'entourent d'un air hautain et dédaigneux. Il les trouve futiles. Lui est sérieux et donc souvent triste, pessimiste et sceptique en tout et pour tout. Ambitieux, il a parfois la "mentalité de l'échec", ce qui lui fait refuser presque systématiquement toute nouveauté. S'il se soucie peu de l'opinion d'autrui, il sait pourtant être rancunier et sujet à des colères froides.

Egoïste et peu expansif, le Capricorne est pourtant diplomate et sentimental à sa manière. Il peut même se laisser emporter dans des amours passionnelles. En effet, il n'est pas habitué à aimer avec violence et lorsque la passion s'empare de lui, c'est avec acharnement et ténacité.

Il veut toujours apprendre et comprendre; sa nature laborieuse lui donne le goût de l'abstraction et de la spéculation intellectuelle.

Au premier abord, le Capricorne paraît froid, insensible, indifférent et sans magnétisme personnel.

Froid, à l'image de la nature glacée du mois de Janvier, le natif du Capricorne se retire et se concentre sur sa personne et sur les valeurs essentielles. Dans le plus grand dépouillement, il s'isole du monde extérieur, ce qui lui fait manquer de spontanéité et d'éclat en société. La plupart du temps l'instinct lui est étranger et ses pulsions sont tempérées. Cependant son absence d'émotivité n'est souvent qu'apparence; elle peut répondre en effet à une hypersensibilité intérieure et à une grande vulnérabilité intérieure qu'il refoule par crainte ou nécessité.

Calme et tranquille, le Capricorne est souvent protégé à l'excès et risque de sombrer dans l'indolence.

C'est un être froid et sec, en proie à de fortes tensions, un nerveux, un dur, un rude, capable d'affronter toutes les épreuves avec sang-froid. Il se décide lentement mais sûrement sur un fond d'équilibre permanent.

Simplicité, pondération et discipline font de lui un être de haute volonté et de solide jugement, un homme qui maîtrise son destin. C'est un roc inébranlable, immuable comme la Terre. On peut le caractériser comme un flegmatique, non émotif, actif secondaire.

Prudence et circonspection font du Capricorne un secondaire qui ne réagit pas dans l'immédiat, mais une fois que les émotions ou les impressions se sont évanouies. A force de peser le pour et le contre, de confronter ses principes à son action, le Capricorne prend le risque d'être un conservateur bloqué dans ses habitudes.

Par rapport aux choses et aux événements, le Capricorne prend du recul, se détache, "objectivise" lui-même son environnement. Il refuse l'imaginaire. Il a le sens du devoir, de la loi, du code de conduite irréprochable.

Comme dans beaucoup d'autres signes du zodiaque, toute la gamme des possibles existe dans le signe du Capricorne, du pire au meilleur. La tension et la concentration de ce signe de nuit peut s'exercer sur le Moi, ce qui est réducteur et parfois dangereux, ou bien sur le monde extérieur, ce qui, dans ce cas, procure une grande force dans la pensée ou dans l'action.

La qualité du Capricorne est en fait fonction de son coefficient d'activité. Si celui-ci est faible, il sera un vrai lymphatique, apathique, mélancolique, égoïste et solitaire. Dans la situation intermédiaire, où l'on retrouve la plupart des natifs du Capricorne, le taux d'activité est plus fort. Avec une présence et une bonne conjonction d'Uranus et de Mars, le Capricorne, enfin, peut devenir un passionné qui le fait ressembler à un Lion. Cette tendance le dirige vers l'ambition terrestre ou spirituelle. L'agressivité de Mars et la clairvoyance de Saturne poussent en effet le Capricorne à l'ambition, à l'envie de dominer le monde et à la volonté de mettre ses qualités au service de cette cause. On retrouve ce type de chef dans des personnages comme Staline, Talleyrand, Mazarin, Poincaré, pour ne citer qu'eux, guettés par le risque de la tyrannie ou du fanatisme.

L'inversion de cette tendance à l'ambition et au pouvoir pousse le Capricorne au renoncement, au détachement et au dépouillement non pas par sainteté ou sérénité mais presque par pathologie. Il s'agit plutôt, d'une manière générale, d'un retranchement dans une méprisante tour d'ivoire. Certaines vraies sérénités existent cependant chez les natifs du Capricorne, celle de l'humble poète Péguy ou du philosophe social Proudhon. L'ambition est alors au service d'une évolution et d'une perfection spirituelle qui passent aussi bien par l'ascèse, la méditation, la contemplation que par l'action ou le dévouement aux autres. Frontière difficile à tracer entre l'ambition et le détachement. Comme Saturne, Charles Quint connut dans sa vie ces deux phases: l'ambition précédant la sagesse.

Les qualités du Capricorne sont des avantages sur le plan de la réflexion et de l'intellect.

Intellectuellement, il ne manifeste pas l'ardeur du Bélier, ni la rapidité et la souplesse des Gémeaux mais il les surpasse par sa réflexion, sa concentration et sa persévérance dans l'effort. Il assimile lentement mais sûrement même s'il se perd parfois dans des détails.

Peu émotif il peut voir juste, loin, et de manière objective. Il analyse les choses avec rigueur et patience comme un Montesquieu dans l'*Esprit des lois* ou un Saint-Simon dans ses *Mémoires*. Sa faculté d'abstraction le prédispose aux sciences exactes mais aussi à la philosophie et à la métaphysique. Il devra toutefois se méfier du risque de dogmatisme, de l'esprit de système ou d'une trop forte abstraction.

En définitive, le signe du Capricorne se résume bien par ses deux caractéristiques principales: c'est un signe de Terre dominé par Saturne. Saturne, la planète du Destin, pousse les hommes vers le progrès spirituel et social, même s'ils doivent dépenser une grande quantité d'énergie pour y parvenir. C'est pourquoi le Capricorne est le signe qui aspire le plus à la perfection morale, non pas affichée, mais intimement vécue.

Si l'influence de Saturne est négative, le natif du Capricorne est porté au pessimisme et à l'intolérance. Dans une conjonction favorable, il a, au contraire, un tempérament tenace, décidé et résistant.

Signe de Terre, il est attaché à la terre mais sans avidité, sans soif d'honneurs, sans arrivisme ni désir démesuré de gloire ou de succès. Lui proviennent de la Terre également ses qualités d'autodiscipline, son honnêteté, son courage, sa volonté, ses idéaux concrets, son sens de la direction et de l'organisation. Réservé et taciturne, le Capricorne sait aussi se détacher de la Terre par sa grande sensibilité. C'est sans doute le signe du zodiaque le plus épris de liberté.

La santé du Capricorne

Le signe du Capricorne gouverne principalement les genoux et exerce une influence secondaire sur les os et la peau. Les maladies qui guettent ce signe sont la tuberculose osseuse, les rhumatismes, l'arthrite, la goutte et, en général, toutes les douleurs affectant les membres inférieurs.

Les maladies de l'ossature, des articulations des genoux, se répercutent sur les muscles avoisinant et la circulation dans ce territoire.

Très sensible aux influences extérieures, le Capricorne doit particulièrement craindre l'humidité et le froid. Il doit adopter une alimentation équilibrée dès son plus jeune âge et éviter les excès de sel, générateurs de sclérose. Les séjours à l'air pur, à la montagne et au soleil, qui peuvent l'aider à lutter contre ses problèmes de fixation de calcium, de digestion lente et de combustion de déchets, sont préférables à tous médicaments.

Charpenté et de constitution assez robuste, le Capricorne est un tempérament nerveux, froid et sec mais doué d'une bonne capacité de résistance comme les autres signes de Terre. Dans la Balance, signe d'Air, où Saturne est également puissant, l'équilibre est fragile et quelque peu instable. Le Capricorne est beaucoup plus résistant mais, contrairement à la Vierge qui sait se soigner, il n'est pas très attentif à sa santé et lorsqu'il a un problème il croit vite à la fatalité et du coup aggrave les problèmes en somatisant: c'est la porte ouverte aux névroses maniaco-dépressives et à la neurasthénie.

La profession du Capricorne

Le Capricorne peut se comporter de deux manières différentes face à sa carrière professionnelle, selon la position de Saturne. Soit il sait depuis longue date vers quelle profession il s'orientera et il s'y prépare depuis son adolescence. Soit, au contraire, il tergiverse jusqu'au dernier moment, incapable de se décider, immature et irrésolu.

De même, le Capricorne pourra adopter deux attitudes vis-à-vis du travail: soit une espèce d'inhibition et de passivité paresseuse, soit au contraire une grande capacité de travail et d'énergie; dans ce dernier cas, il sera un individu infatigable et régulier dans l'effort, assidu, constant et organisé, doué d'une bonne capacité de rendement.

Le Capricorne n'aime pas tellement travailler en équipe. Il réussit mieux tout seul, lorsqu'il est libre de sa méthode, de son organisation et de son rythme. Son besoin de coopération est limité au maximum. Il est respecté de ses supérieurs et de ses subalternes car il est travailleur, raisonné, calme et discipliné.

Le Capricorne est le signe de l'ambition froide, de la réussite à long terme. Il vit toujours en fonction d'un but de carrière à atteindre, qu'il atteint la plupart du temps, soit par volonté, soit par arrivisme. Son ascension est laborieuse et lente, et s'il manque de vernis ou de brio il sait toutefois se rendre indispensable dans sa fonction ou son entreprise. Il est d'ailleurs homme à rester toute sa vie dans la même profession ou la même entreprise.

Ses différents atouts: le sang-froid, le sérieux, la conscience professionnelle et la nature même de son tempérament, devraient orienter le Capricorne vers certains types de profession:

- celles qui sont tournées vers la nature ou l'artisanat: agriculture, maçonnerie, horlogerie, bergerie;
- celles demandant rigueur et précision: professions juridiques, conservation (musées, archives, antiquités), grammaire;
- celles faisant appel à l'abstraction: philosophie, mathématiques.

Sur le plan financier, le Capricorne est économe, prévoyant et parfois avare. Il connaît le prix du travail, de l'effort et donc de l'argent qu'il n'envisage pas de gagner par un autre moyen. Ce n'est pas un spéculateur, mais un calculateur prudent et même méfiant.

Il se contente de peu car il n'a pas de grandes envies de luxe ou de dépenses frivoles. Il existe même un type de Capricorne frugal et ascétique qui ne possède rien et adopte un style de vie dépouillé.

D'une manière générale, sa situation économique s'améliore progressivement grâce à son travail.

L'homme Capricorne

De constitution solide et robuste, le Capricorne sait résister à la fatigue. Ceux qui le connaissent font en son absence l'éloge de ses qualités et de sa droiture. C'est un homme discret et réservé. Sa sensibilité profonde lui fait aimer les choses les plus simples et la nature.

L'homme Capricorne n'attire pas toujours au prime abord la sympathie; il peut en effet paraître hautain ou prétentieux, attitude souvent due à sa timidité ou à sa réserve. Epris de liberté et de solitude, l'homme Capricorne peut être un célibataire très heureux. S'il se marie, ce n'est qu'après mûre réflexion; son choix ne se fait pas par caprice, intérêt ou opportunisme mais en fonction du jugement moral qu'il porte sur sa partenaire et de l'entente qui règne entre eux.

Il préfère les femmes mûres et plus âgées que lui; il leur offrira une vie relativement casanière, tranquille et un peu terne. C'est un époux sérieux et un mari fidèle. Sa froideur des débuts se transforme en amour qui se renforce avec le temps. C'est un homme qui prouve son amour par des faits et non par des mots. Il aime qu'on le comprenne. La femme de sa vie doit être sereine et calme. Il forme d'ailleurs une union idéale avec la femme native de son signe, une union harmonieuse et sereine.

La vie simple, le mouvement, la nourriture naturelle font de lui un homme en pleine forme jusqu'à un âge avancé. Il se conforme à la maxime *mens sana in corpore sano* (un esprit sain dans un corps sain) qui le mènera à une vieillesse patriarcale et à une mort sereine.

Ses hobbies

Le natif du Capricorne aime les passe-temps solitaires, les grandes promenades dans la nature et les ascensions en montagne.

Sa profession

L'homme, généralement peu doué pour les professions artistiques (peinture, musique), se tourne plutôt vers les métiers qui font appel au devoir, à la discipline et à l'organisation. Dans ce cas il excelle dans les fonctions de commandement: chef militaire, dirigeant politique ou d'entreprise.

La femme Capricorne

La femme est également intimidante. Certains trouvent son tempérament et son allure extérieure triste et mélancolique. On cherche plus en elle l'amie intime que la relation mondaine brillant en société.

Elle a un naturel très bon. La réussite et l'amour véritable surviennent pour elle à la maturité. La femme Capricorne est orgueilleuse, on la conquiert par l'amour et non par la force. Sa principale qualité est qu'elle ne s'avoue jamais vaincue, qu'elle lutte pour obtenir la tranquillité spirituelle et financière. Elle ne recule devant rien, garde la tête froide même si parfois elle est mélancolique et taciturne. Mais il suffit que quelqu'un ait besoin de son aide pour qu'elle accoure, oubliant ses problèmes.

Elle aime sa famille et ses enfants même si elle le cache sous une apparence de fermeté. Elle sait dominer son anxiété.

L'idée de liberté est innée chez elle. Aussi élève-t-elle ses enfants dans le sens de la responsabilité et du devoir, sans pour autant compter sur eux pour l'aider dans ses vieux jours. Elle met la loyauté au-dessus de toutes les autres qualités et sait être rancunière vis-à-vis des personnes qui manquent de franchise. C'est une femme volontaire et courageuse. Elle sait être sobre dans sa vie comme dans ses goûts vestimentaires et elle n'a que faire de l'opinion d'autrui.

La femme Capricorne est de constitution robuste, surtout à l'âge mûr. Mais elle se dépense trop, surtout pour les autres, et néglige parfois sa santé.

En amour, la femme Capricorne ressemble à l'homme de son signe. Elle est apparemment sèche et sans cœur; si elle se marie, elle ne le fait pas de manière intéressée. Les natives du Capricorne qui subissent une forte influence saturnienne doivent être conscientes en amour de leurs inhibitions: égoïsme, peur de la souffrance, complexe, fuite dans le travail ou la maladie.

Ses hobbies

La femme Capricorne, aime lire, étudier, méditer. Elle est éprise de liberté et aime voyager, rencontrer des gens simples, nouer des contacts vrais et naturels. Elle aime la compagnie mais ne déteste pas rester seule. Elle est assez sportive, et comme elle n'est pas sophistiquée, elle affectionne les distractions simples.

Sa profession

Studieuse et travailleuse, la femme Capricorne a le sens du devoir et l'esprit de sacrifice. Elle souhaite assez souvent s'insérer dans la vie professionnelle. Elle réussit assez bien dans les services sociaux ou médicaux (médecin, infirmière) ou comme journaliste. D'une manière générale, la femme Capricorne, active et pleine d'entrain, aime exécuter. C'est souvent le bras droit d'un patron. Si ce dernier se trouve être l'homme de sa vie, elle lui donne sécurité et confiance et lui fournit une collaboration et un soutien remarquables. Elle évite les hommes qui n'appartiennent pas à son univers, parce qu'elle accorde plus d'importance à la compréhension qu'aux qualités intrinsèques. Elle connaît le sens de la dignité et sait pardonner même si elle est jalouse par tempérament.

Les enfants Capricorne

Les enfants Capricorne se singularisent très tôt par leur allure sérieuse, pondérée et réfléchie. Ils font souvent bande à part, manquent d'entrain, de gaieté, d'optimisme et de magnétisme. Très susceptibles, froids, ils ne manifestent pas leurs émotions mais sont très stables dans leurs sentiments, fidèles dans leurs amitiés, très scrupuleux quand il s'agit de tenir une promesse.

Ils comprennent avec la plus grande facilité car ils sont très intelligents. Ils se consacrent plus volontiers à la lecture qu'à leurs devoirs sauf si c'est une matière qui les passionnent. Peu doués pour les mathématiques, ils brillent en français. Les premières années de l'enfance des petits Capricornes sont difficiles: santé fragile et fréquents maux de gorge, mais ils deviennent petit à petit robustes et bien portants. Ils sont en général passionnés de football et de natation.

Ils ont grand besoin d'affection même s'ils ne le montrent pas toujours et ressentent un très vif attachement pour leur mère. En revanche, ils jugent sévèrement leur père si celui-ci ne se montre pas à la hauteur de sa tâche. Ce sont des enfants sages, pleins de bon sens et qui ont un bon fond. Ils ne sont donc pas trop difficiles à élever; leurs parents peuvent compter sur eux et leur confier les responsabilités de leur âge.

Les contraintes ne sont d'aucune utilité avec les enfants de ce signe, réfléchis et prudents; il faut donc plutôt les raisonner calmement et agir avec douceur.

L'amour et le Capricorne

Le signe du Capricorne n'est pas le signe de l'amour. Domicile de Saturne, planète opposée à Vénus et lieu d'exil de la Lune; ces deux divinités féminines ne sont pas en harmonie dans le Capricorne.

Pour le Capricorne, la puissance passe avant l'amour. Lui qui est froid, réservé, qui a lutté contre ses instincts ne peut se laisser entraîner par la passion et réprime ou refoule toute sa vie affective. Il est donc en général un célibataire endurci, heureux de sa condition, ce qui ne lui interdit pas toutefois de faire tardivement un mariage de raison, ou d'intérêt pour son ambition. Si son conjoint lui laisse la liberté dont il a besoin mais dont il n'abuse pas, le Capricorne est alors le signe du zodiaque qui incarne le mieux la fidélité idéale. Mais n'oublions pas qu'il est impossible de généraliser et qu'il existe différents types de Capricornes.

Il y a celui qui a le cœur réellement insensible et qui méprise l'amour, celui qui n'exprime qu'une froideur apparente, celui qui s'embrase mais qui, inhibé par une certaine pudeur, n'ose afficher ses sentiments... Le Capricorne de ce dernier type adopte, par indécision ou impuissance, un comportement imprévisible où alternent frénésie, pudeur, indifférence ou libertinage.

Dans les deux cas, la difficulté du Capricorne à être amoureux naît de son égoïsme excessif qui l'empêche de se détacher de l'intérêt quasi exclusif qu'il porte à lui-même, et de s'intéresser ou de se rapprocher des autres qu'il dépersonnalise totalement. Il est soit trop plein de lui-même, soit l'autre est trop extérieur à lui. S'il ne tombe pas amoureux facilement, il peut le devenir après avoir bien réfléchi, analysé et apprécié les qualités morales ou intellectuelles de son partenaire.

Femme Capricorne / Homme Bélier

La femme Capricorne pratique, sérieuse et sensée sera à la fois troublée et inquiète devant le Bélier à qui elle reprochera de manquer de maturité et de ne pas posséder assez le sens des responsabilités. Le Bélier, quant à lui, pourra être attiré par cette femme à qui Saturne a donné la persévérance, le sang-froid et la tranquillité. Mais, tendre, affectueux et sentimental, il sera peut-être dérouté par la sobriété et le manque d'émotion apparents de sa conjointe.
Celle-ci devra donc forcer sa nature afin de montrer à l'encontre du Bélier plus de spontanéité, de chaleur et de tendre affection.
En outre, la femme Capricorne possessive et jalouse fera tout pour garder auprès d'elle celui qu'elle a choisi, et ne pas le décevoir; et le Bélier trouvera auprès de cette femme le foyer rassurant dont au fond de lui-même il a besoin.

Homme Capricorne / Femme Bélier

Guidé par Saturne, le Capricorne est doté d'une persévérance et d'une résistance inouïes; il est doué d'une grande sagesse et d'une infinie patience. Aussi, la femme Bélier peut-elle être attirée par toutes ces qualités qui ne sont pas précisément les siennes. Mais d'un autre côté, elle risque d'effrayer le Capricorne, introverti et respectueux de toutes les règles, par son extravagance et son exubérance.

Autant le Capricorne est pratique et concret, autant la femme Bélier est rêveuse et idéaliste. En fait, ils sont complètement différents l'un de l'autre, si ce n'est opposés. Cette opposition peut, bien sûr, très rapidement les éloigner, mais leurs différences peuvent également les rapprocher. La femme Bélier sera alors sécurisée par la sagesse, le réalisme et la patience du Capricorne, et ce dernier pourra trouver chez sa conjointe Bélier la poésie, le romantisme et le brin de folie qui agrémenteront sa vie. Ce couple connaîtra sans doute des tensions et des malentendus, mais si chacun sait faire preuve de générosité et accepter l'autre sans chercher à le transformer, ils parviendront à vivre côte à côte en parfaite harmonie.

Femme Capricorne / Homme Taureau

Ce sont deux signes de Terre, féminins, dont les natifs ont assez de choses en commun et d'intérêts convergents pour avoir toutes les chances de fonder un couple heureux, stable et fidèle.
La femme Capricorne, qui aime être aimée, se sentira bien dans la tiédeur d'un foyer accueillant où elle est sûre de retrouver chaque jour celui qu'elle aime.
Que peut désirer de plus le Taureau, régi par Vénus, planète de la paix et de l'amour? Lui aussi recherche la stabilité et la sécurité affective et il a toute chance de les trouver auprès d'une native du Capricorne tendre et affectueuse qui tous les jours l'attendra fidèlement dans leur petit nid d'amour.
Il faut cependant qu'ils prennent garde de ne pas systématiquement rompre les ponts avec l'extérieur, et qu'il se montre suffisamment curieux de l'"ailleurs" pour éviter que le couple se renferme trop sur lui-même et se sclérose. L'homme Taureau et la femme Capricorne ne sont pas ennemis des habitudes, au contraire, mais il ne faut pas que l'un ou l'autre ressente la lassitude, car alors il lui prendrait peut-être l'envie de s'échapper de ce cocon.

Sans doute y a-t-il toutefois peu de soucis à se faire, car ils sont forts et tout à fait capables de franchir sans problème la majorité des obstacles.

Homme Capricorne / Femme Taureau

On constate en général une assez bonne entente entre ces deux signes de Terre.

Tous deux ont besoin de stabilité et de sécurité, tant sur le plan émotionnel que passionnel et financier. Ils vont former un couple exclusif, assez refermé sur lui-même. Chacun va trouver au sein du foyer les satisfactions dont il a besoin et la tranquille affection de son conjoint. En fait, ils vont vivre en autarcie, et se suffiront à eux-mêmes; bien sûr, le couple aura des amis, mais il n'est pas nécessaire de les voir tout le temps, et surtout aucun des deux ne cherchera à avoir ses propres amis.

Le Capricorne a un tel besoin d'affection que cela le rend très possessif, et la femme Taureau, qui fonde sa conception de l'amour sur l'exclusivité, est elle aussi très possessive. Quoi d'étonnant alors à ce que ces deux-là soient tellement attachés à leur foyer où ils pourront se retrouver tous les jours, et profiter pleinement l'un de l'autre, à l'abri des étrangers et des importuns.

Ils prennent volontiers des habitudes dont ils ont du mal à se départir, et sont parfois effrayés devant des changements trop brutaux dans leur mode de vie.

Si la femme Taureau et le Capricorne ont la chance d'avoir une telle identité de vue sur le couple ils possèdent en outre la patience, le dévouement et la fidélité nécessaires à des relations humaines durables.

Femme Capricorne / Homme Gémeaux

Le Gémeaux peut être séduit, ou du moins intrigué par la froideur d'une femme Capricorne; celle-ci sera probablement attirée par son charme juvénile. Au début, ils pourront établir ensemble une excellente relation intellectuelle, mais qu'en sera-t-il du reste?

Possessive comme un vrai signe de Terre, elle essaiera de l'enchaîner, or il ne supporte pas la moindre attache, il a besoin de liberté; c'est presque l'instable type. N'oublions pas que le Gémeaux est un signe d'air. Il ne rêve que mouvement et fuite. En outre, il est sous l'influence de Mercure, planète (et dieu) de l'intelligence, des voyages et du commerce (en un mot, de tout ce qui est communication). Il a horreur de la monotonie, et ne tient pas en place, ni physiquement, ni mentalement.

Que pourra faire la pauvre Capricorne face à ce tourbillon, elle qui ne rêve que stabilité, foyer confortable, carrière assurée et bonne situation financière? Elle aura bien du mal à le retenir et à le fixer d'autant plus que parfois elle manque de tendresse et de chaleur. Elle est possessive et jalouse et ne tardera pas à souffrir quand elle constatera que son Gémeaux est volage et que dans ce domaine aussi la stabilité lui pèse, qu'il a besoin de changement. Quant à la carrière et à l'argent, il est trop fantaisiste, trop désintéressé et trop peu persévérant, pour que tout ceci ait une quelconque signification pour lui.

Le diagnostic n'est donc pas excellent, ils devraient essayer d'en rester aux bonnes relations intellectuelles et se méfier du reste.

Homme Capricorne / Femme Gémeaux

La femme Gémeaux gaie, drôle, de bonne humeur et toujours prête à s'amuser et à plaisanter sera un peu désappointée par la froideur du Capricorne chez qui le divertissement n'est pas de mise. Il sera toutefois séduit par cette jeune femme venue d'ailleurs dont le comportement est à l'opposé du sien.

Il voudra l'emmener et la garder rien que pour lui, mais il apprendra très vite que la femme Gémeaux ne conçoit pas la vie même en couple sans une bonne part de liberté. Le Capricorne sera-t-il alors capable de la lui donner? C'est un peu à lui de répondre, mais sans doute aura-t-il beaucoup de mal car possessif et jaloux comme il est, il aura sans cesse la crainte d'être abandonné.

Elle trouvera auprès du Capricorne un appui ferme et stable et un homme patient et persévérant. Contrairement à son homologue masculin, la femme Gémeaux est beaucoup plus facilement prête à se fixer et à manifester sa fidélité à celui qu'elle a choisi, pourvu qu'il sache se montrer tendre et généreux.

Bien sûr, elle ne saura peut-être pas tenir son intérieur aussi bien qu'il l'aurait souhaité, mais elle saura y introduire la gaieté et la fantaisie.

Femme Capricorne / Homme Cancer

La belle assurance d'une Capricorne peut éblouir le naïf Cancer, mais il sera vite déçu en constatant qu'elle ne sait pas se départir de sa trop grande froideur, alors que lui a besoin de démonstrations affectives. Eh oui! Le Cancer a besoin d'être aimé, dorloté, rassuré en permanence; or la femme Capricorne n'est pas chaleureuse, elle a même parfois une fâcheuse tendance à oublier d'exprimer ses sentiments.

Le Cancer est un rêveur, il n'a pas le réalisme et le sens pratique de la femme Capricorne. A ce niveau ils pourront se compléter et parvenir à un juste équilibre. La femme Capricorne prendra la direction de la maison et des affaires matérielles, et saura se montrer parfaite économe et excellente gestionnaire. Elle reprochera souvent au Cancer d'être trop dépensier et le rappellera à l'ordre pour son manque de ponctualité.

Le Cancer, quant à lui, fera tout à fait confiance à sa compagne Capricorne qui se révélera très bonne femme d'intérieur. Mais des disputes interviendront lorsqu'il amènera chez lui ses nombreux amis ou au contraire lorsqu'il s'absentera trop fréquemment du foyer pour partager avec eux de trop nombreuses soirées. Il faudra que la femme Capricorne s'habitue à lui consentir une bonne part de liberté sans laquelle il étoufferait.

Homme Capricorne / Femme Cancer

La femme Cancer et l'homme Capricorne ont tous deux besoin de sécurité mais chacun à sa façon; sont-ils capables de s'offrir l'un à l'autre ce qu'ils attendent dans ce domaine?
Si le Capricorne est en mesure de procurer à sa compagne la sécurité matérielle, il n'est pas doué en revanche pour les manifestations affectives. Or, la femme Cancer ressent un profond besoin d'être aimée et choyée par l'homme qu'elle a choisi, et c'est justement cette sécurité-là qu'elle recherche. Elle-même saura se montrer affectueuse, tendre et attentive vis-à-vis du Capricorne malgré le caractère froid et distant de ce dernier, mais elle n'acceptera pas longtemps de ne pas être payée en retour.
La femme Cancer est beaucoup plus introvertie que le natif masculin du même signe. Elle risque donc de former avec le Capricorne, plus attentif à sa propre personne qu'au monde extérieur, un couple fermé sur lui-même où les dialogues pourraient devenir difficiles.
Pour parvenir à une union durable et solide, le Capricorne et la femme Cancer devront s'efforcer de maintenir entre eux les échanges et de parler franchement afin d'écarter les susceptibilités et éviter les malentendus.

Femme Capricorne / Homme Lion

Le Lion convaincu de sa valeur et de sa supériorité en tout domaine sera désappointé par cette créature tellement paisible, apparemment si froide et si sûre d'elle. Il n'est pas habitué à ce qu'on lui marque autant de distance, surtout de la part d'une femme.

Il aura alors tendance à montrer à son égard, au moins dans les paroles, de l'arrogance, voire une sorte de mépris. La femme Capricorne, quant à elle, trouve chez le Lion quelque chose de confortable et de protecteur qui lui inspire confiance. Mais, effectivement, ce n'est pas pour autant qu'elle se jettera immédiatement dans ses bras, tout juste sera-t-elle un peu plus loquace.

Dès que le Lion aura compris, et il ne tardera pas, la nature profonde de cette créature, il essaiera de la modifier, de la rendre plus accessible. Peut-être est-ce la bonne solution, mais il faut qu'il accepte que cette mutation soit tentée graduellement, car une fille du Capricorne ne fait rien instantanément. S'il donne des ordres, s'il cherche à contraindre, il échouera, car il aura au contraire stimulé son opiniâtreté et renforcé sa volonté.

Notre fier Lion ne devra pas oublier de temps en temps d'écouter les conseils sagaces de cette femme, et de se fier à sa sagesse instinctive.

Homme Capricorne / Femme Lion

Comment le Capricorne froid, dur et prudent, peut-il être attiré par une Lionne dépensière, intuitive, inconsidérée dans ses propos et ses actes, qui exige l'obéissance à toutes ses lubies et entend être adorée, mais qui se refuse quant à elle à obéir à quiconque et à révérer qui que ce soit?

De même, qu'est-ce qu'une Lionne généreuse et chaleureuse pourrait trouver de bien intéressant chez le Capricorne prudent, taciturne, boudeur, introverti et incapable de manifester ses émotions ou ses sentiments?

En bien, le Capricorne sera en fait attiré par l'allure, la grâce, l'intelligence, et d'une manière générale, tout le côté brillant de la Lionne.

Celle-ci recherchera un homme assez intelligent, persévérant et ambitieux pour réussir et lui offrir une situation sociale et financière confortable, capable de supporter avec calme et patience son arrogance et ses outrances.

Et cet homme ressemble sans aucun doute au natif du Capricorne.

C'est un couple à qui toute réussite est possible, mais vu leurs caractères, les tensions risquent d'être fréquentes; aussi chacun sera-t-il conduit à faire des concessions. Lui devra renoncer à faire preuve d'autorité avec sa Lionne, et lui accorder une certaine liberté; elle devra en contre-partie donner à son Capricorne cette chaleur vitale et instinctive qu'il a lui-même tant de mal à dégager.

Femme Capricorne / Homme Vierge

Deux signes de Terre ont évidemment, des intérêts con-vergents. Mais il n'est pas rare de voir des caractères opposés s'attirer et des proches se repousser. Ce peut être parfois le cas pour l'homme Vierge et la femme Capricor-ne.

Ils sont l'un et l'autre très maîtres d'eux-mêmes, réservés et peu chaleureux, car ils sont incapables d'extérioriser leurs sentiments. Ainsi, chacun aurait besoin de rencon-trer un partenaire qui ne se laisse pas décourager par son apparente indifférence.

Or l'homme Vierge, lui-même réservé, ne sera pas attiré par cette femme qui lui semble manifester tant de froi-deur, et la femme Capricorne, naturellement peu chaleu-reuse, ne cherchera pas, a priori, à établir le contact avec cet homme distant et secret.

Mais il est tout à fait possible aussi que les composantes secondaires des caractères (signes ascendants et type pla-nétaire) les écartent l'un et l'autre des caractères types de leurs signes respectifs. Auquel cas, l'attirance entre les deux sujets pourrait être très forte.

Dans ce cas, l'homme Vierge et la femme Capricorne seraient tout à fait capables d'établir ensemble les rela-tions sereines, tranquilles, sans surprise et sans passion, dont ils ont besoin.

Homme Capricorne / Femme Vierge

Ce sont deux signes de Terre, féminins, et ils ont de bonnes chances de réaliser une entente constructive. L'un et l'autre sont calmes, stables, et peu sociables. Ils auront tendance à vivre refermés sur eux-mêmes, dans la tiédeur d'un confortable foyer. Voilà peut-être un des risques d'une telle union. La Vierge et le Capricorne vont former un couple exclusif qui manquera souvent de curiosité et d'ouverture sur les autres.

Bien que gouverné par Mars, planète de l'agressivité, le Capricorne n'est pas vraiment bagarreur, et il ne cherche pas à provoquer les conflits. La Vierge, de son côté, étant loin d'être agressive, leurs rapports seront plutôt paisibles et courtois.

Malgré sa froideur apparente et même son austérité, le Capricorne est très tendre, et il y aura probablement plus de sentiments chez lui que chez elle.

C'est un couple qui est bien armé pour réussir professionnellement et financièrement. Le Capricorne est très ambitieux, perspicace et déterminé; il va au bout des choses et ne s'arrête jamais en chemin. Il est toujours capable de mener à bien l'œuvre entreprise. En outre, il est sérieux et travailleur, ce qui est un atout supplémentaire. La Vierge, moins ambitieuse, sera également persévérante et, lorsqu'ils se seront fixés un but en commun, ils l'atteindront à coup sûr. Elle a également le sens de l'argent et se montre excellente gestionnaire.

Femme Capricorne / Homme Balance

Elle est ambitieuse, autoritaire, "carriériste" pour deux s'il le faut, et elle tentera dans toute la mesure du possible de prendre en main l'avenir professionnel de celui qu'elle a choisi.

Car l'homme de la Balance, comme tout natif d'un signe d'Air, exige la liberté de mouvement et ne supporte aucune contrainte. Le seul moyen de le garder près d'elle est donc de lui laisser toute son indépendance et de lui accorder la possibilité de regarder ailleurs.

Il est doux et sentimental et il arrivera sans doute à faire fondre la glace qui entoure si souvent la femme Capricorne; celle-ci saura lui en être reconnaissante.

Bien que l'homme Balance soit particulièrement tolérant, il sera parfois exaspéré par les réflexions de sa compagne Capricorne visant sa propension à la dépense. Pour elle, l'argent représente la sécurité et il convient de l'amasser, de l'économiser, ou mieux de le faire fructifier; lui est indifférent aux affaires d'argent, mais il aime dépenser celui qu'il gagne comme il l'entend.

Pour éviter tout conflit à ce propos, que chacun s'occupe du sien ou encore, qu'ils partagent et n'en parlent plus. C'est le meilleur moyen d'éviter les discussions et des heurts qui pourraient dégénérer.

Homme Capricorne / Femme Balance

On peut se demander, de prime abord, comment une Balance pourrait être séduite par un monsieur Capricorne. Son aspect extérieur n'a déjà rien pour l'attirer; il lui paraît raide, froid et distant. Ensuite, elle le jugera excessivement prudent, taciturne, manquant de gaieté. Enfin, quand elle aura eu l'occasion de le côtoyer un tant soit peu, elle découvrira qu'il est en plus entêté et sans émotion.

Voilà effectivement un tableau bien noir, mais en réalité les choses ne vont pas se passer comme cela, ou au contraire, les choses vont se passer ainsi, mais tellement vite que la gentille Balance ne prendra pas vraiment conscience des éléments négatifs du Capricorne. Ceux qui en fait lui apparaîtront seront ses caractéristiques positives.

Ainsi, elle constatera que le Capricorne sait ce qu'il veut et c'est le plus souvent un atout dans la vie, que sa froideur émotionnelle n'est qu'apparente et qu'elle dissimule parfois une vive sensibilité. S'il n'est pas très gai, elle saura reconnaître en revanche son humour très fin et elle appréciera sa sincérité et sa loyauté.

Bien sûr, pour découvrir tout cela, il faut peut-être faire un petit effort et ne pas s'attacher aux impressions d'un premier contact.

Faisons confiance à la Balance pour peser le pour et le contre et pour s'apercevoir qu'avec son Capricorne elle a toute chance de vivre une expérience riche et durable.

Femme Capricorne / Homme Scorpion

A première vue, il peut paraître surprenant qu'un Scorpion puisse tomber amoureux d'une Capricorne, ou vice versa, puisque les communications affectives entre ces deux signes semblent presque inexistantes.

En effet, la femme Capricorne ne révèle que très rarement ses émotions intimes par son comportement extérieur; quant au Scorpion, ses sentiments sont bien difficiles à connaître puisqu'il ne les manifeste ni dans ses actes, ni dans ses discours.

Il leur faudra simplement un peu de temps pour être en confiance l'un vis-à-vis de l'autre et pour accepter de laisser tomber le masque.

En fait, le Scorpion et la Capricorne sont assez proches l'un de l'autre car ils ressentent tous les deux un sentiment de solitude inexprimé qui les fait aspirer à la sécurité émotionnelle par l'union avec un partenaire.

Ainsi, le perspicace Scorpion va-t-il peu à peu s'apercevoir que la hautaine Capricorne, sous ses airs de suffisance et d'ambition froide, souffre silencieusement d'un besoin d'affection; et cela va éveiller en lui le désir de l'aimer et de la protéger.

Quant à elle, la tendresse, le mystère et cette espèce d'énergie propre au Scorpion vont la séduire dès qu'elle le connaîtra un tout petit peu mieux.

Homme Capricorne / Femme Scorpion

Ils se ressemblent et se sentent en sécurité l'un auprès de l'autre.

La femme Scorpion devine, sous l'aspect de froideur et de sévérité du Capricorne, une nature affectueuse et un cœur généreux; celui-ci se détendra petit à petit au contact de cette femme.

Ils ont tous deux l'esprit possessif; s'ils cherchent trop à se retenir l'un l'autre, ils risquent de se heurter un jour ou l'autre.

Mais elle n'aura aucun motif sérieux de se montrer jalouse car le Capricorne est par nature loyal et fidèle et profondément attaché à son foyer qu'il ne saurait déserter longtemps. En revanche, elle-même tient plus à mener une vie indépendante; elle a besoin de liberté et déteste être obligée de rendre des comptes sur son emploi du temps. Pour éviter toute situation conflictuelle à ce sujet, elle devra le rassurer pour calmer sa jalousie et lui devra se montrer plus souple et plus tolérant.

La femme Scorpion et son compagnon Capricorne inclinent tous deux à dissimuler leur véritable personnalité, mais dès que leurs relations deviendront plus confiantes, il sera temps pour eux de se lier l'un à l'autre sans aucune réserve et de se confier véritablement le fond de leur cœur.

Femme Capricorne / Homme Sagittaire

Le Sagittaire est tout d'abord séduit par cette femme qui a l'air de savoir ce qu'elle veut dans la vie, qui lui semble également si douce et si féminine. En fait, si la femme Capricorne est calme et réservée, il ne doit pas en conclure pour autant qu'elle sera docile et obéissante. Ce serait une grave erreur. La native du Capricorne, gouvernée par Saturne est tout, sauf docile; elle est au contraire autoritaire et ne déteste pas commander.

C'est une qualité qui pourra satisfaire le Sagittaire, il lui laissera le soin de prendre en main l'organisation matérielle du foyer et de la maison, mais pas plus.

Ils sont tous deux sensés et réalistes, mais elle a plus que lui cette manière concrète d'aborder toute chose. Elle se méfie du côté rêveur du Sagittaire, même si ses rêves ne sont jamais insensés et qu'il peut avoir la volonté nécessaire pour les réaliser.

Le Sagittaire doit prendre garde, car il lui arrive d'être maladroit et de blesser sa compagne Capricorne avec des propos trop catégoriques ou des termes trop crus. Les méchancetés, même si elles sont involontaires, laissent chez elle une cicatrice que sa pudeur ou bien sa très grande fierté empêcheront de montrer.

Il saura vite déceler sous la froideur apparente de la Capricorne un profond sentiment de solitude et une vive sensibilité qui lui donneront envie de la protéger et de l'aimer.

Homme Capricorne / Femme Sagittaire

La femme Sagittaire recherche auprès d'un partenaire masculin la sécurité émotionnelle et elle a toute chance de la trouver auprès du Capricorne.

Elle appréciera la galanterie de ce dernier ainsi que ses manières convenables presque trop discrètes. Dans ce que certains prennent pour de la froideur et de la distance chez le Capricorne, elle y verra de la bonne éducation, de la considération et un certain respect d'autrui.

Le Capricorne quant à lui sera attiré par cette jeune personne cordiale, enjouée, épanouie et tout à fait dépourvue d'hypocrisie.

Ils sont tout à fait capables de former ensemble un couple uni et durable au sein duquel la demoiselle Sagittaire apportera optimisme, enthousiasme et joie de vivre, pendant que le Capricorne, déterminé et ambitieux, se consacrera à sa carrière, afin d'obtenir la situation sociale et financière qu'il juge digne de lui.

Attention, car si l'un et l'autre savent pardonner, aucun des deux ne sait vraiment présenter des excuses, et c'est pourtant bien utile pour chasser les nuages qui de temps en temps obscurcissent les meilleures ententes.

Femme Capricorne / Homme Capricorne

Il est très difficile de prévoir systématiquement l'état des relations entre deux signes semblables. Bien sûr, chacun est bien placé pour comprendre les besoins de l'autre, mais ce n'est à coup sûr pas suffisant pour parvenir à l'entente sans faille. Ainsi en va-t-il de l'union entre deux Capricornes.

Sous leur apparente froideur, ils savent qu'ils cachent l'un et l'autre une grande sensibilité, et qu'incapables d'aimer à moitié, ils se donneront à fond l'un à l'autre. Mais, s'ils savent être des amoureux passionnés, ils sont également très vulnérables, par peur d'être abandonnés. Jaloux et possessif, l'un comme l'autre peut introduire dans le couple un climat de suspicion qui pourrait être fatal à sa survie. Un espoir toutefois, le Capricorne est loyal et fidèle. Ils ont tous les deux un désir en commun: celui de construire un foyer chaleureux et confortable où il fait bon se retrouver.

Plutôt introvertis, ils ne cherchent pas outre mesure à ouvrir le couple sur l'extérieur et sur les autres et cherchent à se suffire à eux-mêmes. Ils doivent toutefois prendre garde que ce comportement ne soit pas excessif, car si dans les premiers temps, le couple peut supporter d'être refermé sur lui-même, à plus long terme le manque d'apport extérieur pourrait être un facteur de détérioration.

Mais, l'avantage, c'est qu'ils savent tout cela, et qu'ils sont tout à fait en mesure de tirer en fait le meilleur de leur union.

Femme Capricorne / Homme Verseau

Il n'est pas rare que la rencontre entre un signe d'Air et un signe de Terre donne une combinaison positive, puisque leurs caractéristiques divergentes sont souvent complémentaires.

Le Verseau est un courant d'air, il est perpétuellement en mouvement et ne sait pas se fixer sur quoi que ce soit. Le réalisme, l'organisation, la structure lui déplaisent, il ne vit que d'imprévu et d'improvisation.

La femme Capricorne séduite par le charme léger et brillant du Verseau devra donc tenter de l'arrêter et de le retenir. Y arrivera-t-elle? Elle est sérieuse, loyale et fidèle, alors que le Verseau a tendance à aller papillonner à droite et à gauche, attitude qu'elle ne supporte pas. Elle devra accepter de lui laisser le minimum de liberté dont il a besoin pour s'épanouir et lui prouver qu'auprès d'elle il trouvera toujours la sécurité et la stabilité. Car même un Verseau ne peut pas passer sa vie à vagabonder. Il saura se montrer tendre et sentimental à l'égard de la femme Capricorne qui de son côté devra se montrer plus chaleureuse et moins dure qu'elle ne l'est habituellement. Heureusement, tous deux ont le sens de l'humour et celui-ci arrange souvent bien les choses.

Rien n'est perdu d'avance, mais chacun devra faire preuve vis-à-vis de l'autre de tolérance et d'indulgence.

Homme Capricorne / Femme Verseau

On ne peut jamais affirmer de manière certaine que la combinaison de deux signes sera excellente ou au contraire très mauvaise. Il y a en effet des paramètres qui peuvent rentrer en ligne de compte et modifier ou contredire les caractères de base. Il faut donc dans ce cas envisager les ascendants et le type planétaire.

Ainsi l'homme Capricorne et la femme Verseau n'ont pas a priori d'intérêts convergents. Lui est plutôt froid et dur, alors qu'elle est vive, spontanée et gaie. Il est renfermé et casanier, elle est sociable, aime bouger et adore voyager. Elle est très dépensière, car elle aime l'argent pour les plaisirs qu'il peut procurer, alors que lui aime surtout l'argent pour l'argent.

Le Capricorne est très possessif et même jaloux, alors que la femme Verseau très indépendante a besoin d'un minimum de liberté, sans laquelle elle se sent étouffer.

Tout cela n'empêche pas que le Capricorne puisse être séduit par la femme Verseau, car elle est douce, a besoin de charme et n'est pas dépourvue d'humour. La femme Verseau sera quant à elle moins attirée par un Capricorne distant, réservé et incapable d'extérioriser ses sentiments. Le couple connaîtra des hauts et des bas et la vie en commun sera difficile.

Femme Capricorne / Homme Poissons

L'un est un signe de Terre, l'autre un signe d'Eau. Elle ne perd jamais contact avec les réalités de la vie, lui ne pense qu'à s'évader de la réalité et ne ressent aucune passion, ni même aucun intérêt pour les choses matérielles.

L'homme Poissons et la femme Capricorne peuvent s'attendre à avoir fréquemment des discussions orageuses concernant les problèmes financiers. Il lui reprochera de manifester trop d'attachement à l'argent, elle le traitera de prodigue et de panier percé.

Mais hormis ce différend, ils constateront entre eux une certaine complémentarité susceptible de les conduire vers une union constructive et durable.

Un peu artiste, toujours ailleurs, le Poissons trouvera chez sa compagne Capricorne une femme sérieuse, réaliste et stable qui saura l'aider à se fixer et à garder les pieds sur terre. Il pourra en plus lui faire toute confiance pour gérer le foyer car elle possède tous les dons nécessaires pour faire une excellente maîtresse de maison. Le

Poissons se chargera d'ouvrir le couple sur les autres et sur l'extérieur, et d'y apporter la touche de fantaisie qui évitera à l'union de sombrer dans la routine.

Très loyale et très fidèle, la femme Capricorne saura mériter la confiance du Poissons. Quant à ce dernier, il ne sera pas forcément inutile d'être un peu méfiant quant à sa fidélité.

Homme Capricorne / Femme Poissons

La native du Poissons se trouve sous la houlette de Jupiter et de Vénus; la première symbolise le goût du pouvoir et la deuxième accorde un penchant pour tout ce qui est vivant et heureux.

Le Capricorne quant à lui subit l'influence de Mars, dieu de la guerre, et de Saturne, planète sèche, froide et lente. Ainsi, le Capricorne et la femme Poissons rencontreront-ils quelques difficultés à harmoniser leur entente.

Elle, très sensible et très émotive, recherche une chaleur et une sentimentalité que le Capricorne est difficilement à même de lui manifester, lui qui est plutôt froid et distant. En revanche, il sera quant à lui en quête d'une stabilité que la demoiselle Poissons aura bien de la peine à lui donner. Elle a besoin d'une existence un peu mouvementée, toujours prête à changer de voie, et elle s'accomode mal d'une vie morne et trop bien réglée, telle que le souhaite le Capricorne type.

Si ce dernier, accepte de laisser à sa compagne Poissons le minimum de liberté qui lui est nécessaire pour ne pas s'étioler, et s'il sait répondre affectueusement à son enthousiasme et à sa joyeuse fantaisie, il n'y a pas de raison pour qu'ils ne réalisent pas une union des plus fertiles. Et comme il est bon que dans le couple, les concessions soient réciproques, elle devra s'efforcer de considérer le foyer comme son premier centre d'intérêt.

Personnages célèbres natifs
du Capricorne

Konrad Adenauer - Paul Cézanne - Marlène Dietrich - Elisabeth II d'Angleterre - Ava Gardner - Maurice Herzog - Maréchal Joffre - Jean Kepler - Mao Tsé-Toung - Mazarin - Matisse - Saint-Simon - Joseph Staline - Maurice Utrillo - Woodrow Wilson.

C'est dans le signe du Capricorne, avec le Lion, qu'on trouve le plus d'hommes politiques célèbres. La palette de ces célébrités va de l'empereur Auguste à Mendès Frances, Pinay, Nollet et Debré en passant par Charles Quint, Mazarin, Louvois, Wilson, Sadi Carnot, Joffre, Primo de Rivera, Goering, Staline, Henri IV, Napoléon III, Raymond Poincaré, Mao Tsé-Toung, Adenauer, etc.

Viennent ensuite les penseurs: mathématiciens (Newton, Henri Poincaré), savants (Pasteur), philosophes (Montesquieu, Auguste Comte, Proudhon...).

Beaucoup d'artistes aussi se retrouvent sous ce signe: des peintres (Cézanne, Matisse, Utrillo); des musiciens (Rubinstein, Puccini); et des littérateurs comme Saint-Simon.

Bien sûr chacune de ces personnalités a une conjonction planétaire spécifique ce qui fait qu'il y a des Capricornes lunaires ou saturniens, purs ou secondaires.

Paul Cézanne

Paul Cézanne est né le 19 Janvier 1839 à 1 heure à Aix-en-Provence. Son ascendant est en Scorpion dont Mars est la planète tutellaire. Cézanne se situe donc dans une toile de fond Capricorne-Saturne avec des valeurs Scorpion-Mars. Son caractère emprunte donc aux deux signes: il est irritable, aime s'isoler, travaille dans la fièvre et le doute. Provocateur et mû par une grande force intérieure, il se heurte à l'hostilité et au refus de son entourage.

Ses premières œuvres sont très violentes et scorpionnesques. Mais il se discipline petit à petit et devient plus capricornien, à savoir plus réfléchi, plus cérébral et plus sensuel. Son travail est lent et pénible; il finit par prendre des fleurs en papier, tant il était las de faire périr ses modèles. Il recherche non pas l'éphémère ou l'impression, mais la stabilité et la structure des choses derrière leur apparente fugacité.

Il est intéressant de noter que les goûts de Cézanne en peinture coïncident avec les affinités régnant entre les signes: il aime bien le Taureau Courbet, admire le jupitérien Monet, apprécie la poésie.

Mao Tsé-Toung

Né le 26 Décembre 1893 vers 8 heures du matin dans la province de Hunan, Mao Tsé-Toung est un authentique capricornien (Soleil + Ascendant) assisté du Scorpion sous une dominante Uranus-Saturne.

Rebelle dès son enfance (il quitte le domicile paternel à 14 ans), il luttera toute sa vie.

Contre le parti communiste chinois (au début il est exclu du Comité central) qu'il juge déviationniste de vouloir asservir la révolution chinoise sur la paysannerie; contre Tchang Kaï-Chek le nationaliste qui refuse le communisme et contre lequel il entamera la longue marche de 1200 km; contre la sclérose et l'embourgeoisement des membres du parti et de l'intelligentsia chinoise: ce sera la révolution culturelle.

Simple et sobre juqu'à la fin de ces jours, Mao Tsé-Toung a le sens de l'effort et une résistance physique, morale et intellectuelle remarquable. Ses écrits (le *Petit Livre rouge*) qui ont formé la base théorique de toute la révolution chinoise, font de Mao Tsé-Toung un véritable capricornien.

Saint-Simon

Le duc de Saint-Simon est né dans la nuit de 15 au 16 Janvier 1675 à Paris. Il est le type le plus pur du Capricorne-Saturnien ou en caractérologie du flegmatisme. Sa carrière est à cet égard caractéristique: il démissionne de l'armée et développe son goût du renoncement et des retraites spirituelles. Attirance du pouvoir, puis dégoût du pouvoir entraînant sa démission et sa retraite définitive pour écrire dans la solitude de son château. Les mots clés et les pensées développés dans ses *Mémoires* sont également typiques du Capricorne: persévérance, tourments de l'écrivain devant la noirceur de son âme. Goût du lugubre, culte de la vertu, travail acharné, passion de la solitude, recherche de la contemplation.

La décoration et le Capricorne

En pénétrant dans la maison du Capricorne, on pense à une caverne d'Ali Baba où seraient enfermés de multiples trésors. Le natif de ce signe n'aime pas vivre dans une excessive clarté; il masque ses fenêtres de rideaux qui semblent des tentures ou soigne avec amour des plantes vertes qui deviennent des arbres. Il ne craint pas d'accumuler les bibelots, de charger ses murs de tableaux, d'allumer, le soir venu, de nombreuses bougies. Habituellement, le Capricorne préfère les couleurs sombres dont s'accommode bien sa nature. Mais, s'il se plaît le plus souvent dans une ambiance secrète et silencieuse, toute impression de tristesse est cependant bannie de chez lui. Dans chaque recoin de la maison du Capricorne, on perçoit en effet les frémissements d'une vie intense.

Divers

Animal: lapin.

Arts: sculpture, tapisserie.

Chiffres: 5, 15, 31, 85.

Couleur: bleu.

Héros: Jeanne d'Arc, John Kennedy.

Jour: vendredi.

Loisirs: lecture.

Métal: plomb.

Parfum: citron.

Pays: Etats-Unis, Espagne.

Plante: olivier.

Pierre: onyx.

Saison: printemps.

Sport: jogging.

Transport: train.

Vêtements: "sport".

PREVISIONS

La position des planètes en 2001

La planète **Mars** commencera l'année 2001 dans le signe du Scorpion. Elle entrera dans le signe du Sagittaire le 15 Février et y séjournera jusqu'au 9 Septembre. C'est donc ce signe qui sera cette année le plus influencé par cette planète. A partir de cette date et jusqu'au 28 Octobre, la planète Mars sera domiciliée dans le signe du Verseau, puis dans celui du Poissons à partir du 9 Décembre et jusqu'à la fin de l'année.

La planète **Vénus** effectuera un cycle zodiacal complet. Elle commencera l'année dans le signe du Verseau puis entrera le 4 Janvier dans le signe du Poissons puis dans celui du Bélier entre le 3 Février et le 7 Juin. C'est dans ce signe que Vénus fera son séjour le plus long. A partir du 7 Juin, Vénus traversera le Taureau jusqu'au 6 Juillet. Entre le 6 Juillet et le 2 Août, Vénus sera domiciliée dans le Cancer. Entre le 2 Août et le 28 Août, Vénus traversera le Lion, puis le signe de la Vierge à partir du 22 Septembre. Entre cette date et le 16 Octobre, Vénus traversera le signe de la Balance, puis celui du Scorpion entre le 16 Octobre et le 9 Novembre. Entre le 9 Novembre et le 3 Décembre, Vénus sera dans le signe du Sagittaire, pour terminer l'année à partir du 27 Décembre dans le signe du Capricorne.

L'influence de **Mercure** sera particulièrement sensible en l'an 2001 sur les signes du Capricorne, du Verseau et du Poissons puisque la planète séjournera dans ces trois signes à deux reprises: dans le Capricorne en début et en fin d'année (avant le 11 Janvier et à partir du 16 Décembre), dans le Verseau entre le

11 Janvier et le 2 Février et entre le 6 Février et le 18 Mars dans le Poissons, enfin entre le 2 et le 6 Février et entre le 18 Mars et le 7 Avril.

Entre le 7 et le 22 Avril, Mercure traversera le signe du Bélier, puis celui du Taureau jusqu'au 7 Mai. A partir de cette date et jusqu'au 13 Juillet, la planète Mercure sera domiciliée dans le signe du Gémeaux, puis dans celui du Cancer jusqu'au 31 Juillet. Entre le 31 Juillet et le 15 Août, Mercure séjournera dans le signe du Lion, puis dans celui de la Vierge jusqu'au 2 Septembre. A partir de cette date et jusqu'au 8 Novembre, Mercure sera domiciliée dans le signe de la Balance. Entre le 8 et le 27 Novembre, Mercure traversera le signe du Scorpion, puis sera dans celui du Sagittaire entre le 27 Novembre et le 16 Décembre.

La planète **Pluton** sera domiciliée pendant toute l'année 2001, comme l'année dernière, dans le signe du Sagittaire. Cela veut dire que l'influence de Pluton se fera sentir essentiellement sur les signes du Sagittaire, de la Vierge (bon aspect) et du Gémeaux (aspect un peu moins favorable).

La planète **Neptune** séjournera pendant toute l'année dans le signe du Verseau. Son influence se fera particulièrement sentir sur les signes du Verseau, du Lion (aspect pas très favorable de l'opposition) et du Scorpion (aspect favorable du sextile).

Comme l'année dernière, **Uranus** séjournera toute l'année dans le signe du Verseau. L'influence de cette planète sera donc également surtout sensible sur les signes du Verseau, du Lion (opposition) et du Scorpion (sextile).

La planète **Saturne** séjournera pendant presque toute l'année dans le signe du Taureau, signe sur lequel elle aura une influence particulièrement apaisante.
Elle sera domiciliée à partir du 21 Avril dans le signe du Gémeaux. Son influence se fera donc particulièrement sentir sur le Taureau, le Gémeaux, le Scorpion (opposition), et le Cancer et le Lion (sextile).

Jupiter commencera l'année dans le signe du Gémaux, puis entrera à partir du 13 Juillet dans le signe du Cancer. L'influence de cette planète sera donc particulièrement sensible sur les signes du Gémeaux, du Cancer, du Sagittaire et du Capricorne.

DATES IMPORTANTES

Janvier	4, 11
Février	2, 3, 6, 15
Mars	18
Avril	7, 21, 22
Mai	7
Juin	7
Juillet	6, 13, 31
Août	2, 15, 28
Septembre	2, 9, 22
Octobre	16, 28
Novembre	8, 9, 27
Décembre	3, 9, 16, 27

Sur le plan affectif, les dates importantes de cette année seront le 4 Janvier, le 3 Février, le 7 Juin, le 6 Juillet, les 2 et 28 Août, le 22 Septembre, le 16 Octobre, le 9 Novembre et les 3 et 27 Décembre.

Sur le plan professionnel, les dates importantes de cette année seront le 11 Janvier, les 2 et 6 Février, le 18 Mars, les 7 et 22 Avril, le 7 Mai, les 13 et 31 Juillet, le 15 Août, le 2 Septembre, les 8 et 27 Novembre et le 16 Décembre.

Perspectives mondiales

Ce nouveau millénaire a commencé dans de meilleures conditions. Des événements du siècle dernier ont montré que de nombreuses formes de violence n'étaient pas acceptables. Grâce au cycle zodiacal complet de Mercure en 2001, chacun prendra conscience de la nécessité d'une plus grande coopération entre les hommes sans pour autant renier l'identité culturelle de chacun. Les années à venir, et particulièrement 2001, seront des années marquées par la nécessité affirmée de la spécificité de chaque Etat tout en favorisant l'intégration dans des communautés politiques regroupant plusieurs pays.

Pluton domiciliée dans le Taureau une partie de l'année incite à regarder avec attention l'exemple de l'Europe. C'est le cas des voisins d'Asie avec le recoupement d'Etats dans le sous-continent indien, des pays autour de la mer Noire sous l'égide de la Turquie, de l'Asean, des trois pays du continent nord-américain avec l'Alena, ou encore le Mercosur avec l'Argentine, le Brésil, l'Uruguay et le Paraguay.

Certes 2001 sera l'occasion d'un nouveau dynamisme pour les Etats-Unis après l'élection du nouveau président. Après les scandales largement médiatisés, une Amérique puritaine essayera de reprendre le dessus, mais les excès resteront limités. La jeunesse des présidents des Etats-Unis et de la Russie devient un atout et une source d'optimisme pour beaucoup. Le rapprochement des méthodes de travail des deux hommes en témoigne, toutefois l'informatique est une nouvelle arme performante et les deux pays se montreront très attentifs sur la façon d'agir de l'autre.

Aux Etats-Unis, à l'intérieur même du pays, les minorités cherchent à défendre leurs droits, notamment les citoyens américains de langue espagnole. Ce pays attire toujours autant de monde mais l'écart entre riches et pauvres dans certaines villes américaines reste impressionnant.

En Russie, les nouveaux maîtres du Kremlin font régner un nouvel ordre économique mais ne peuvent écarter tout dérapage, en particulier de la part de la nomenklatura russe. Les combats en Tchétchénie ont marqué l'opinion mondiale, et le gouvernement essaie de rétablir son image.

Après une année difficile, l'Union européenne connaît une accalmie. Les présidences portugaise et française de l'Union ont malgré tout connu quelques succès, mais le couple franco-allemand ne réussit pas à s'imposer comme ce fut le cas au début des années 90. La Grande-Bretagne, bien que plus réticente à certains aspects de l'intégration européenne, cherche à imposer ses vues, mais les pays du Sud deviennent de plus en plus un contrepoids, et le succès des élections espagnoles en mars 2000 est significatif. La conférence intergouvernementale connaît le succès que l'on sait, mais la grande préoccupation pour 2001 et pour les années à venir est l'attitude des futurs Etats membres, notamment de la part de ceux qui espèrent une adhésion très rapide.

L'environnement tient une place plus importante auprès de l'opinion publique, mais la ratification des accords de Kyoto s'avère délicate: la clause prévoyant l'entrée en vigueur des accords de Kyoto après la ratification par cinquante-cinq Etats qui produisent au moins 55 % des émissions de CO_2 montre le poids de la Chine, des Etats-Unis et de l'Inde. Mais la nouvelle équipe au pouvoir aux Etats-Unis laisse place à un certain optimisme. L'écologie dans notre mode de vie s'impose de plus en plus et devient à l'aube de ce nouveau millénaire comme une nécessité. La présence de ministres écologistes ou verts dans quelques gouvernements, en Europe en particulier, est là pour rappeler leur force, mais dans certaines situations la solidarité gouvernementale entraîne des difficultés entre les ministres et leurs militants écologistes.

Après les droits de la personne, l'amélioration des droits de la femme devient une réalité politique, le principe de la parité adopté dans certains Etats s'accentue en 2001. Même si le débat continue sur l'intérêt d'imposer des quotas ou non, il n'en reste pas moins que cette politique redonne à tout gouvernement de nouvelles formes de réflexion et d'actions prenant davantage en considération les préoccupations du citoyen.

L'Amérique latine et l'Asie se redressent lentement des difficultés économiques de la fin du siècle dernier, mais la position de la planète Mars laisse envisager des difficultés dans les relations entre la Chine et Taïwan après l'arrivée de la nouvelle équipe au pouvoir.

Vénus a incontestablement marqué en 2000 de nombreux croyants et non-croyants. La communication réalisée autour des cérémonies organisées dans le cadre du Jubilé 2000 ont eu de nombreuses répercussions. Le succès de certaines manifestations telles que la visite du pape Jean-Paul II en Terre Sainte, les actes de pardon de l'église catholique, ou encore le succès de la semaine sainte à Rome et dans le monde, ou encore celui des journées mondiales de la jeunesse sont porteurs d'une immense espérance. En 2001 la jeunesse, forte de ces différents témoignages, se sent plus volontaire mais aussi plus généreuse, répondant ainsi aux critiques d'insouciance et de manque d'enthousiasme. 2001 est une année charnière pour les rapprochements entre les jeunes qui prendront des initiatives dans ce sens.

Climat politique en 2001
pour quelques pays

Allemagne

La coalition gouvernementale connaît des soubresauts mais n'entame en rien la volonté du chancelier. Les affaires financières du Parti conservateur et l'ancien chancelier continuent à être évoqués, mais certains partis demandent une accalmie dans les critiques et demandent que cette affaire soit replacée dans son contexte. Le succès de l'exposition de Hanovre est riche d'enseignement sur la façon de vulgariser la technologie.

Belgique

Les bonnes nouvelles de l'année 2000 et surtout les bons résultats économiques renforcent la popularité du gouvernement. Les événements autour de la famille royale renforcent la cohésion du pays, et les décisions en matière de politique étrangère améliorent incontestablement l'image de la Belgique. Mais certains procès à retentissement ne peuvent faire oublier les drames passés. Le cinéma belge se distingue une fois de plus.

Cameroun

L'évolution récente constatée en Afrique entraîne des changements dans l'administration. Les événements produits en Ouganda en 2000 incitent les autorités à la plus grande prudence, et le gouvernement est amené à procéder de façon discrète à certaines arrestations.

Canada

Le sort du Québec fait une fois de plus monter les tensions entre l'Etat fédéral et la province du Québec. Le gouvernement fédéral souhaite mettre un terme à la succession de référendums, mais il se heurte à une forte opposition constitutionnelle. Les populations asiatiques se voient dans l'obligation de limiter leur entrée dans le pays, toutefois le gouvernement fédéral n'envisage pas de prendre des mesures draconiennes. Il n'en reste pas moins que la population des villes côtières de l'ouest connaît des changements structurels importants. Les relations avec les Etats-Unis connaissent quelques soubresauts au cours du deuxième semestre.

Centrafrique

Relations délicates à un moment de l'année avec le FMI. Certains partisans de l'ancien empereur se font remarquer. Un artiste voit son talent confirmé.

Congo

Le gouvernement voit son prestige renforcé et se trouve appelé pour des tentatives de médiation. Découvertes minières importantes.

Côte d'Ivoire

Le départ de l'ancien président de la république continue à être évoqué, mais le nouveau pouvoir en place s'impose et lance des réformes attendues depuis longtemps. Quelques ressortissants reviennent dans le pays.

France

L'année 2001 est marquée par les élections municipales. Celles-ci sont caractérisées à la fois par le climat de la cohabitation et l'introduction de la parité sur les listes de candidats. L'entrée de nombreuses femmes dans les conseils municipaux modifie très sensiblement la vie des municipalités. Mais l'approche des élections en 2002, élections législatives puis présidentielles, retient également l'attention. De nombreuses voix s'élèvent à droite pour souhaiter l'arrêt des divisions apparues notamment lors des élections municipales. Certains anciens ministres du gouvernement de Lionel Jospin continuent à se faire entendre, et leurs idées retiennent l'attention. Le débat sur l'école, notamment, reste ouvert mais le climat électoral n'incite pas à la réforme en profondeur du monde de l'enseignement. Cette année est marquée par deux grandes polémiques dans le monde des arts. La fin du service militaire apparaît d'ores et déjà comme une mesure populaire. Un vaste débat dans le pays s'instaure sur la violence dans les banlieues et sur les nouveaux moyens de l'éviter. Le secteur de l'énergie est en pleine mutation. Cela va dans le sens des décisions prises dans le contexte européen.

Gabon

La situation continue de s'améliorer, toutefois le gouvernement doit faire face à une certaine agitation. Plusieurs villes prennent des décisions importantes en matière de sécurité.

Grande-Bretagne

Le gouvernement issu des élections crée la surprise mais ne clarifie pas entièrement la position de la Grande-Bretagne vis-à-vis de l'Europe. Les liens naturels avec les Etats-Unis semblent se renforcer mais des voix s'élèvent dans le pays pour revenir à une situation européenne plus réaliste. L'arrivée dans douze autres pays de l'Union européenne des pièces et billets en euro crée une certaine inquiétude sur la place financière de Londres. Evénement heureux à la cour d'Angleterre.

Grèce

La décision de faire rentrer le pays dans la zone euro nécessite une rigueur bien admise par la majorité des citoyens. Pour beaucoup, l'arrivée massive de touristes sera l'une des conséquences permettant de dynamiser un secteur moins évolutif depuis quelques années.

Italie

Un retournement de situation électorale crée une grande confusion dans la classe politique, en particulier à l'intérieur de deux partis politiques. Le rythme des privatisations se maintient mais certaines opérations antérieures ne rencontrent pas le succès escompté. On remarque une reprise du cinéma italien, lequel est primé en différentes occasions.

Luxembourg

Les décisions européennes relatives à l'épargne engendrent quelques difficultés, mais la cohésion du monde bancaire limite les appréhensions.

Portugal

Les autorités portugaises apportent une aide importante au nouvel Etat du Timor oriental, car les séquelles de la guerre civile sont encore très importantes.
Profonde mutation dans le secteur des infrastructures. Resserrement des liens avec le Brésil.

Russie

De nouveau des gisements sont découverts dans l'ouest du pays, et les exportations de gaz s'accentuent au détriment d'autres formes d'énergie. Certains maires de Russie prônent une plus grande décentralisation.
Les combats se poursuivent dans certaines provinces de Russie qui souhaitent se voir accorder une plus grande indépendance.

Sénégal

L'élection du nouveau président de la république en 2000 entraîne de grands changements et fait bénéficier la classe politique d'un plus grand sens des responsabilités. Amélioration des relations avec certains Etats frontaliers.

Suisse

La situation autrichienne est observée avec attention par les autorités du pays. Le populisme alpin garde les faveurs de certains élus, mais le réalisme prend le dessus. L'arrivée de l'euro laisse sereine la banque fédérale. La protection des consommateurs fait l'objet des priorités du gouvernement.

Togo

Le gouvernement connaît une baisse de popularité, mais les mesures prises par le pouvoir politique sont saluées par des autorités internationales.

Turquie

Le sommet d'Helsinki qui a décidé en décembre 1999 d'admettre la Turquie dans la liste des pays candidats à l'adhésion à l'Union européenne entraîne des modifications dans le comportement des hommes politiques. Un vaste débat est lancé sur les liens existant entre ce pays et ses pays voisins, spécialement les pays arabes.

DÉPARTEMENTS ET TERRITOIRES D'OUTRE-MER

Antilles

Les élections municipales sont l'occasion de remettre en cause les liens entre certaines municipalités. Le résultat de ces élections entraîne plus de changements que ce que l'on attendait. Quelques artistes deviennent très appréciés au-delà des Antilles.

La Réunion

Des incidents sans trop de gravité dans le sud de l'île. Un rapprochement se manifeste avec d'autres îles de l'océan Indien. L'agriculture découvre de nouveaux débouchés.

Nouvelle-Calédonie

La stabilité que connaît l'île est riche d'enseignements et de bon augure pour les années à venir.

Polynésie

Les échéances électorales créent dans l'archipel des velléités d'indépendance chez certains, mais ils sont peu soutenus par la majorité des insulaires. On reparle d'un nouveau grand complexe touristique.

Les phases de la Lune en 2001

La plus grande partie des influences lunaires dépend de la succession des phases. Du premier quartier à la nouvelle Lune, les forces diffèrent de la façon suivante.

	Premier quartier	Pleine Lune	Dernier quartier	Nouvelle Lune
Janvier	2	5	16	24
Février	1	8	15	23
Mars	3	9	16	26
Avril	1/30	8	15	23
Mai	30	7	15	23
Juin	28	6	14	21
Juillet	27	5	13	20
Août	25	4	12	19
Septembre	24	2	10	17
Octobre	24	2	10	16
Novembre	23	30/1	8	15
Décembre	22	30	7	14

La chance et le Capricorne en 2001

Les atouts majeurs dont vous disposerez pour mettre la chance de votre côté en 2001 sont:

• Un courant *plutonien* favorable qui vous permettra d'accroître votre vivacité et d'augmenter votre efficacité, surtout si vous appartenez au deuxième décan. N'hésitez donc pas à entreprendre et lancez-vous sans complexe dans la réalisation de vos projets.

• En Janvier et Mai pour le deuxième décan, en Janvier, Février et Juin pour le troisième décan, et en Mars, Avril pour le premier décan, un courant *uranien* sera favorable aux rencontres fructueuses tant au plan professionnel qu'au plan personnel. Mettez tous les atouts dans votre jeu, ne refusez pas les invitations, sortez et voyez du monde.

• Au cours du deuxième trimestre, et particulièrement pour le deuxième et le troisième décan, un courant *vénusien* vous aidera à améliorer sensiblement certaines relations difficiles que vous entreteniez avec votre entourage.

• Durant le mois de Mars, Avril, Novembre et Décembre pour le deuxième décan, en Février et Mars et de Juillet à Novembre pour le troisième décan, un courant *mercurien* favorable vous permettra de saisir toutes les occasions susceptibles de vous faire rencontrer des gens professionnellement intéressants.

Mais il ne faut pas oublier, toutefois, qu'il faut savoir reconnaître sa chance et l'utiliser à bon escient. Les astres n'ont en effet aucun pouvoir. Ils indiquent, ce qui est déjà très important, dans quel sens il est souhaitable d'agir pour mener une vie plus heureuse. La chance ne sourit qu'à la mesure des efforts accomplis pour la saisir.

Les amours du Capricorne en 2001

L'année 2001 sera marquée pour le natif du Capricorne par une forte influence de Jupiter. Une intuition développée permettra au Capricorne de faire vite et bien le tri entre les personnes qui lui sont importantes, bénéfiques et utiles et les autres. Mercure permettra d'atténuer les pulsions agressives ou les sentiments de jalousie. L'année sera placée sous le signe d'une sensualité bien mesurée et équilibrée.

Au cours du premier trimestre, vous chercherez à mettre un peu d'ordre dans votre vie affective. Vous hésiterez alors entre une remise en question de votre relation affective et un désir de ne pas rompre brutalement vos habitudes et votre confort psychologique. En Janvier, le natif du premier décan connaîtra une période faste; la stabilité dans son couple apparaîtra plus clairement.

Le mois de Février sera le moins propice, l'agressivité du Capricorne sera plus difficile à dominer, elle pourra se transformer selon les cas en pulsions sadiques.

A l'approche du printemps, les amours seront source d'illusions pour beaucoup de célibataires. S'ils souhaitent poursuivre leur relation, ils doivent mettre les choses au clair avec leur partenaire. En Avril, les qualités du Capricorne reprendront le dessus: intelligence, créativité et art de la nuance permettront aux couples d'évoluer et de réaliser beaucoup de choses en commun. Ceux qui s'interrogeraient sur l'opportunité d'avoir un enfant se décideront peut-être à cette période. A la fin du mois, le Capricorne se trouve plutôt préoccupé par d'autres problèmes que ceux du sexe ou du sentiment.

Du mois de Mai à la mi-Septembre, vous connaîtrez de nouveaux attachements. Certains célibataires se montreront très charmeurs. Très vite, vous reprendrez une confiance totale en vous et cela vous réussira. Votre imagination vous dépassera quelque peu. Veillez à diminuer vos dépenses liées à votre vie sentimentale. C'est le meilleur moment de l'année pour celui qui veut construire une union durable et pour une harmonie plus complète dans le couple.

En Juillet, les vacances et le soleil aidant, vous serez plus détendu et plus à même de maintenir au sein de votre couple un agréable équilibre.

Le mois d'Août sera favorable au natif des deux premiers décans. Il ne faudra guère s'attendre à des occasions de faire des folies ou de vous laisser emporter dans les bras tendres et passionnés de l'amour délirant. Les rencontres sur le plan sentimental seront assez exceptionnelles, spécialement pour le natif ascendant Balance et Gémeaux. Dans l'ensemble, vous resterez simplement fidèle à vos habitudes sans rien y changer. Ceci est un climat général mais qui pourra se modifier selon l'influence de Jupiter, bonne en ce début d'année.

Votre vie très riche sur le plan professionnel et social vous fera croire au mois de Septembre que votre vie affective est assez monotone et morose surtout pour vous qui êtes sans cesse à la recherche de nouveautés et de bonheur. Il sera sage de laisser faire les choses et de ne pas prendre des initiatives qui ne seraient pas suivies d'effets.

Sachez prendre votre mal en patience car l'influence de Vénus sera positive au mois d'Octobre et presque pendant tout le reste de l'année. Vous ne manquerez pas de recevoir des marques d'affection qui, en fait, vous surprendront.

Votre esprit d'innovation au mois d'Octobre permettra à votre partenaire de vivre des moments originaux en votre compagnie et dont il ou elle gardera longtemps le souvenir.

Les mois de Novembre et Décembre seront ceux du bilan et des décisions. Vous savez ce que vous attendez de l'être cher et ce qu'il est capable de vous apporter. Vous choisissez donc sans hésitations.

• *Pour les hommes*: le climat de votre vie sentimentale change plus que vous ne le pensez. Ne vous mettez pas toutefois dans des situations gênantes car vous pourrez vous apercevoir ultérieurement que le partenaire choisi non seulement n'en valait pas la peine, mais que cette situation vous a coûté plus qu'il n'était raisonnable.

Vous voudrez fuir toute monotonie, et la vie quotidienne vous pèsera quelque peu. Vous aurez parfois tendance à vous ennuyer et vous ressentirez le besoin de vous affranchir de certaines contraintes.

Ce n'est pas pour cela qu'il faudra tout remettre en question. Vous êtes peut-être à un tournant de votre vie. Soyez très prudent et sachez négocier vos points de vue avec compréhension pour votre partenaire.

• *Pour les femmes*: une tendance à se laisser vivre dans les délices de l'amour au détriment des affaires plus sérieuses. Parfois aussi vous préférez vous intéresser à des partenaires dont l'on peut tirer un profit matériel. Ne devenez pas encombrante ni maladroite, restez désintéressée. Soyez plus sociable et sachez dominer vos émotions, sinon vous allez vous créer des inimitiés. Un trop grand besoin d'indépendance peut vous mettre dans des situations affectives désagréables.

Restez réaliste et ne promettez que ce que vous êtes sûre de pouvoir tenir.

• *Pour les couples*: vous connaîtrez quelques périodes pendant lesquelles vous aurez trop tendance à accorder de l'importance uniquement à ce qui ne va pas. Chassez ce mauvais état d'esprit et obligez-vous à ne voir que le bon côté des choses. Par ailleurs, ne suivez pas aveuglément les conseils de votre entourage. Ils ne sont pas toujours judicieux.

L'entente avec les enfants sera bonne. Vous saurez aborder avec beaucoup de doigté les problèmes délicats.

De nombreuses concessions vont vous être nécessaires, faites face à vos responsabilités et ne fuyez pas devant les situations délicates. Les discussions seront indispensables afin de mettre les choses au point tout de suite, clairement et franchement.

La santé du Capricorne en 2001

Premier décan

Il semble que cette année vous soit faste. En effet, vous ne connaî-trez pas de malaises ou de troubles particuliers, mais attention ce n'est pas une raison pour croire que vous pouvez abuser de la bonne chère sans risque de quelques dérangements intestinaux: une crise de foie est toujours possible. Décidez-vous à pratiquer un sport, de plein air si possible. Des douleurs rhumatismales peuvent se réveiller. Attention! surveillez les reins et les organes d'élimina-tion en général.

Deuxième décan

Vous serez en bonne santé si vous prenez garde à ne pas laisser vos sentiments ou vos émotions troubler votre équilibre psychique.
Vous disposerez d'une bonne résistance physique. N'en profitez pas pour vous laisser aller aux excès. Les femmes du signe pour-ront être sujettes à des troubles respiratoires, sans gravité.
Plus qu'à l'accoutumée, vous vous sentez solide, en pleine forme; cependant, n'oubliez pas que personne n'est à l'abri de la maladie. Alors quand même soyez prudent et n'en faites pas trop.
Surveillez votre foie et adoptez une alimentation saine et équilibrée. Vous savez que la nourriture trop riche peut vous faire du tort.

Troisième décan

Vous serez plutôt dans un courant positif. Vous vous sentirez bien et chercherez tous les moyens de vous maintenir en forme.
Possibilité de légère tendance dépressive au cours du dernier tri-mestre. Vous devrez prendre quelques précautions cet hiver pour ne pas vous retrouver avec une grippe solide.

Le métier et les finances
du Capricorne en 2001

Cette année, vous aurez énormément d'idées nouvelles, dont certaines ne plairont pas forcément à tout le monde, mais vous avez confiance et savez que votre énergie est dirigée vers le bon sens. Vous tenterez par tous les moyens de prouver votre bonne vision des choses et vous aurez la volonté nécessaire pour y arriver.

Vous saurez discerner les points faibles chez vos rivaux et les adapter à vos conditions. Personne ne vous en voudra pour autant car vous collaborerez automatiquement à leur évolution personnelle. Vous devez être tenace et ne rien laisser au hasard. Sur le plan professionnel, les choses iront en s'améliorant au cours de l'année et vous apporteront plus de satisfaction. Vous serez plus audacieux que l'année dernière.

Plusieurs obstacles pourront ralentir votre progression mais ils ne vous déconcerteront nullement. Au contraire, ces difficultés stimuleront votre pouvoir de réflexion, vous vous attacherez à découvrir les mécanismes qui engendrent certaines situations pour y remédier, vous prendrez des initiatives efficaces mais pénibles car elles vous obligeront à renoncer à vos chères habitudes. Si vous vous adaptez en souplesse, tout se passera pour le mieux; cherchez donc à établir de bonnes relations avec vos collaborateurs et la vie professionnelle sera facilitée pour vous comme pour eux. Assumez vos responsabilités au lieu d'incriminer les circonstances ou de mettre en cause les autres. Les innovations seront porteuses d'expériences profitables, même si vous leur trouvez parfois un goût amer, vous serez projeté vers une orientation différente avec des effets positifs.

Sur le plan financier, ne montez pas vos soucis en épingle car ils prendraient facilement une tournure obsessionnelle et vous finiriez par tomber dans l'avarice, surtout au cours des deux premiers trimestres de l'année. Ne laissez pas dormir vos économies sous une pile de draps, faites-les fructifier. Luttez contre votre tendance à accumuler les provisions en tout genre et à mettre le maximum de côté. Songez seulement à vous prévoir un plan retraite.

Des déplacements peuvent s'avérer nécessaires sur le plan professionnel. Cela ne semble pas vous plaire beaucoup car vous n'aurez pas tellement envie de quitter votre foyer. Agissez au mieux de votre intérêt.

Grande prudence si vous devez vous associer. Il s'agira d'éviter au maximum le flou juridique et toutes les imprécisions de nature à se traduire par des procès ou des recours à la justice.

L'entreprise dans laquelle vous travaillez connaîtra peut-être quelques difficultés. N'hésitez pas à réfléchir et à faire des propositions susceptibles de redresser la situation. Plutôt que de vous lamenter, dites-vous que vous n'avez rien à perdre et tout à gagner.

Les prévisions trimestrielles
du Capricorne en 2001

Premier trimestre

La période la plus intense pour le natif du Capricorne se situera aux mois de Mars et Avril.

L'amitié se révélera encore une fois comme un des grands bienfaits de la vie. Hommes ou femmes, amis fidèles, seront là pour vous aider dans les mauvaises passes. Vous vous sentirez supporté et rassuré par ces amis de longue date.

Le Capricorne, ayant entre 25 et 30 ans sera susceptible de se voir offrir un emploi avec des avantages notables, mais pour lequel il faudra être prêt à voyager. Et c'est là que des décisions devront être prises. Un conflit risque de survenir, car le conjoint n'acceptera peut-être pas de si bon cœur les absences prolongées.

Vous êtes dévoré par le besoin d'agir, vous avez de l'ambition et vous croyez, à juste titre, en votre bonne étoile. Alors allez-y, foncez. Mais ne soyez pas trop présomptueux et n'oubliez pas que parfois les conseils des autres peuvent être d'un grand secours. Par ailleurs, sachez tenir compte des circonstances et ne vous engagez pas au-delà de vos possibilités qui sont toutefois vastes.

Le natif du deuxième décan connaîtra une période de réussite lui permettant de bénéficier de conditions remarquables pour transformer, remanier différemment sa vie et cela grâce à des possibilités de voyager ou d'entreprendre un séjour de longue durée à l'étranger ou dans une région éloignée de la sienne. En revanche, le natif du premier décan vivra une période plus neutre et devra attendre sans trop d'impatience la période suivante pour bénéficier de certains avantages promis à d'autres personnes de son entourage.

Au début du mois de Janvier, il vaut mieux laisser votre esprit tranquille; vous ressentirez éventuellement l'impression qu'il est mené par des puissances supérieures. Ne cherchez pas à réagir contre cette influence qui, de toute manière, n'est pas maléfique. Vous avez toutes les chances d'être conduit en un endroit où vous souhaitez de toute manière parvenir.

Parents, vous avez parfois l'impression que vos enfants vous échappent, essayez de vous rappeler comment vous étiez à leur âge et donnez-vous la peine de les écouter. Vous aurez au moins une chance de les comprendre.

Sentiments: le natif de ce signe connaîtra une stabilité générale et une certaine sérénité pendant ce trimestre. Il y aura peut-être des conflits, notamment avec les natifs de la Vierge et du Gémeaux, mais ceux-ci vous permettront de faire le point sur votre relation sentimentale. Vous vous apercevrez que votre sentiment est assez fort pour dépasser les frictions passagères. Les célibataires de ce signe pourraient découvrir le coup de foudre.

Des ruptures, des séparations ou encore des disputes ou des querelles interviendront pendant ce trimestre pour les natifs du premier décan. Des ennuis plus ou moins sérieux pourront intervenir par vos relations avec des personnes mariées.

Profession: reprenez-vous un peu, vous avez tendance en ce moment à manquer de motivations et d'intérêt pour votre travail, à fuir les responsabilités et à critiquer trop ouvertement les décisions des autres. Montrez-vous plus positif et tâchez à votre tour de faire des propositions constructives.

Un certain déblocage de votre situation professionnelle sera l'occasion d'améliorer sensiblement votre situation. En effet, l'intervention de certaines de vos relations, ou bien une chance inattendue, vous permettra de démarrer un projet auquel vous tenez. Il serait, d'autre part, prudent d'éclaircir votre situation financière.

Santé: vous êtes toujours un peu trop anxieux, apprenez à vous détendre, cela calmera vos nerfs. Vos troubles digestifs sont en grande partie dus à votre nervosité, mais si vous vous nourrissez d'une manière équilibrée et si vous évitez de manger trop vite, vous sentirez peut-être déjà quelques améliorations.

Vous avez besoin de vous distraire ou de vous dépenser physiquement pendant ce trimestre. On ne peut pas dire que vous êtes "pantouflard" ou replié dans votre cocon. Vous avez envie de soirées tranquilles et soif de lecture. Du coup, votre rythme de vie, plus équilibré, vous permettra de bénéficier d'un bon état de santé.

Deuxième trimestre

Vous avez l'impression de piétiner ou d'avancer très lentement dans votre vie affective et professionnelle. Vous perdez un peu de votre assurance et de votre confiance en vous et vous doutez parfois de vous faire entendre. En revanche, vous savez user de diplomatie et vous parvenez malgré tout à convaincre votre entourage. Laissez faire le temps, et adaptez-vous aux circonstances, ce qui ne doit pas poser de problèmes pour vous. Il suffit d'attendre que vos réflexions se concrétisent et que le hasard y mette du sien. Un mois de Juin tumultueux vous fera presque regretter cette période de calme. Des transformations importantes: rentrées financières, nouvel emploi.
Vous saurez garder une certaine prudence face aux événements que vous rencontrerez.
Votre satisfaction provient autant de l'intensité de vos relations sociales que de la profondeur de vos réflexions philosophiques et intellectuelles. Vous serez plus placide en fin de trimestre: des opportunités vous donneront l'occasion d'envisager un changement sensible dans votre mode de vie. Ne laissez rien passer, mais ne vous laissez pas abuser par des promesses illusoires. Si vous avez des décisions importantes à prendre, c'est le moment, vous êtes particulièrement lucide, clairvoyant et réaliste. Ces qualités ne sont pas rares chez vous mais, durant cette période, elles vont être sensiblement accrues.
Vous voulez déménager? Attendez quelques mois, ce n'est pas encore vraiment le moment idéal.
Pour le reste, vous allez vous sentir beaucoup plus optimiste et beaucoup plus décontracté qu'au cours de l'année précédente.

Sentiments: vos rapports affectifs resteront éphémères au début de ce trimestre, mais la situation mûrira et si vous voulez garder un climat sain dans votre foyer ou avec votre partenaire, il vous faudra déployer beaucoup de sagesse, de discipline et de gentillesse. Si vous faites preuve de ces qualités, vous arriverez à une entente très profonde et dynamisante.

Vous vous sentez parfois incompris, ce qui assombrit votre vie sentimentale. Pourtant, il n'y a pas de quoi vous effondrer dans un sombre pessimisme. Occupez-vous des autres et de leurs problèmes, écoutez-les et vous oublierez bien vite vos petits problèmes.

Vous connaîtrez donc des hauts et des bas pendant ce trimestre. Acceptez que l'on ne réagisse pas comme vous au même moment. Vos enfants vous donneront quelques soucis mais sans raison valable.

Profession: ne vous laissez pas aller sur le terrain négatif et critique qui règne autour de vous. Cela ne vous encourage pas à prendre du goût à votre travail et à désirer des responsabilités.

Vous ferez preuve de raison, de logique, vous serez capable d'un grand discernement et d'un grand sens pratique. Vous serez adroit en affaires, votre ingéniosité et votre sens de l'opportunité pourront vous faire saisir des occasions profitables à votre profession.

Vous avez de grandes ambitions qui ne sont pas toujours réalisables. Pourtant votre capacité de travail est votre meilleur atout. Ne négligez aucun de vos efforts, ce sont eux qui vous permettront en effet de réussir.

Santé: prenez garde aux excès dans tous les domaines qui ont tendance à perturber votre état de santé actuellement. Vous avez tendance à l'embonpoint. Veillez à équilibrer votre alimentation.

Vous vous laissez parfois démoraliser par les traces que le temps laisse sur vous. N'oubliez pas que la jeunesse d'esprit peut être éternelle. N'abusez pas de produits contre les rides, il vous suffit d'avoir une bonne hygiène de vie.

Troisième trimestre

Voilà un excellent trimestre pour le natif du Capricorne, protégé et dynamisé par la conjonction astrale. Il bénéficiera tout d'abord d'un solide moral, lequel attirera la chance. Il sera encore plus aimable et sociable qu'à l'habitude et il verra la vie avec optimisme et sérénité.

Vous serez également dans une période positive pour les réconciliations: vous pourriez être amené à reformer une union avec une personne chère, que vous aviez délaissée pour des futilités.

La communication est importante dans votre signe, tout au long de ce trimestre. Vous serez appelé à vous exprimer, à vous expliquer et même parfois à défendre vos idées en public. Vous aurez un grand pouvoir de persuasion, sachez le mettre à profit, mais gardez-vous de renier les gens qui ne seraient pas d'accord avec vous. Une bonne influence de Mercure et de Vénus permettra de faire un bon mélange entre la raison et votre penchant pour la fantaisie et l'originalité. Vos amis joueront un rôle important et Mercure vous permettra de vous mettre plus facilement sur la même longueur d'ondes.

Vous serez assez expansif et vous approuverez fréquemment le besoin de parler, d'être compris et écouté. Sur le plan social, tous vos efforts énergiques porteront leurs fruits et vous trouverez dans votre entourage un oiseau rare qui vous apportera beaucoup.

Sentiments: il peut vous arriver de douter, de ne pas être sûr de vos sentiments. Vous avez un peu négligé de développer l'intensité et la richesse de votre vie affective au dernier trimestre et vous avez l'impression de vous retrouver seul face à l'être aimé aussi bien qu'en famille. Soyez plus sûr de vous et n'hésitez pas à parler, à exprimer ce que vous ressentez. Ce n'est que lorsque la compréhension est totale qu'on réalise la véritable harmonie.

Une stabilité et une sagesse affective couronneront la fin du trimestre. C'est la période idéale pour les amoureux: ils bâtiront une relation durable et forte, l'harmonie sera totale.

Elle sera marquée par deux approches de l'amour: l'amour retrouvé et l'amour découvert. Il ne sera pas étonnant de voir un Capricorne divorcé reprendre la vie à deux avec son ex-partenaire; la reconstruction du couple sera durable.

Profession: votre dynamisme sera reconnu par tous mais faites attention à ne pas blesser les susceptibilités de vos collègues ou de votre équipe. Il y a toujours une manière de se valoriser en valorisant les autres. Sur le plan financier, vous devriez profiter de votre discernement et de votre dynamisme pour faire fructi-

fier votre argent en l'investissant dans des placements rentables
ou dans des activités qui vous plaisent.

Vous pourrez élaborer des plans ingénieux et des projets intéressants dans le cadre de votre travail. Mais vous risquez de
manquer de persévérance pour les mener à bien vous-même.
Un voyage intéressant pourrait être à prévoir et sera l'occasion
pour vous de contacts intéressants et fructueux.

Santé: dans l'ensemble, aucun problème de santé n'affaiblira
votre organisme. Cependant, un coup de cafard ou une anxiété
passagère pourraient apparaître à la fin du trimestre. Cherchez
la cause physique de votre mélancolie.

Surveillez vos intestins. Ne commettez pas d'excès alimentai-
res. Essayez de trouver le temps de faire du sport et n'abusez
pas trop des nuits courtes.

Quatrième trimestre

Les vacances ont laissé des traces. Vous avez du mal à reprendre votre rythme et vous vous laissez un peu aller à la rêverie et
à l'isolement, ce qui perturbe votre entourage, peu habitué à
vous voir vous comporter de la sorte. Vous devez progressivement retrouver l'équilibre en sachant discipliner vos intuitions,
en les prolongeant par l'analyse et la réflexion, comme vous
savez si harmonieusement le faire.

Cherchez à connaître vos possibilités, sans cela vous risquez de
tomber dans deux travers opposés: soit vous croirez ne pas pouvoir arriver aussi loin que vous le pouvez réellement et vous resterez dans la médiocrité, soit, au contraire, vous viserez trop haut et
vous retomberez d'aussi haut. A vous d'agir en conséquence.

Une bonne influence de Mercure, surtout pour le natif du premier décan, va vous permettre de travailler avec acharnement
et persévérance. La situation astrale poussera votre nature
sérieuse et votre esprit pénétrant à en faire encore plus et à exa-
miner avec profondeur les grands problèmes de l'existence.

Votre manque d'enthousiasme pour ce qui est extérieur à votre
travail, la canalisation de votre énergie sur votre vie professionnelle que vous connaîtrez aux mois d'Octobre et Novembre

grâce à une influence de Mars et Vénus sera alors plus riche et épanouissante.

Sentiments: l'ambiguïté de vos amours du milieu de l'année se dissipera à la fin de ce trimestre, dressez une cloison étanche entre votre vie personnelle et les difficultés que vous pourrez rencontrer dans d'autres domaines. Vous devez rester disponible sur le plan affectif et il ne tient souvent qu'à vous de réchauffer l'atmosphère. Pratiquez l'introspection pour déceler les émotions refoulées qui pourraient jeter le désordre dans votre existence, en se manifestant d'une façon inattendue. Dans vos relations avec autrui, introduisez plus de tact et ne donnez pas à la jalousie trop de raisons de s'exercer.

Profession: ne vous imposez pas un emploi du temps trop chargé ou trop rigide. Ne vous emballez pas si l'on vous fait de nouvelles propositions, retenez plutôt les avantages acquis précédemment et n'allez pas chercher des choses impossibles. Etudiez bien les contrats que l'on pourrait être amené à vous faire signer car il se pourrait qu'on tente d'abuser de votre bonne foi.
Reprenez-vous un peu, vous avez tendance, en ce moment, à fuir les responsabilités, à vous recroqueviller dans votre cocon et à critiquer trop ouvertement les décisions des autres. Montrez-vous plus positif, d'une part parce que cette attitude ne vous satisfera pas à terme et que, d'autre part, vous risquerez d'avoir à en subir les conséquences. Vous êtes également capable de faire des propositions constructives.

Santé: vous serez poussé pendant ce trimestre, surtout en fin d'année, à vous faire du souci à la moindre alerte. Cultivez la sérénité, menez une existence raisonnable sans exagération d'aucune sorte. Ne devenez pas l'esclave consentant de l'arsenal pharmaceutique. Si vous apprenez à dédramatiser vos problèmes, vous éviterez et l'excès de calmants et la fatigue nerveuse.
Vous vous plaignez parfois de douleurs qui sont d'origine psychologique. Il n'est pas anormal d'être fatigué en cette période de l'année. Ne prenez pas n'importe quel remontant, allez plutôt voir un médecin généraliste et faites-vous vacciner contre la grippe.

Le destin des bébés nés en 2001

L'importance accordée à l'an 2001 par les parents et les proches sera l'un des éléments déterminants des traits de caractère des bébés nés cette année.

Verseau (20 Janvier – 18 Février)

Son tempérament sera celui d'un enfant passionné avec une attirance pour tout ce qui traite de l'aventure. Il débordera d'activités et d'idées mais, de temps en temps, il se montrera trop idéaliste au cours de la première partie de sa vie. La maturité aidant, il deviendra plus tolérant et, surtout, il acceptera davantage la différence avec ceux qui l'entourent.
Cherchant à donner le meilleur de lui-même avec générosité, il saura mettre ses qualités en pratique dans certaines occasions et cela avec panache. Toutefois, il devra prendre garde à ne pas se présenter sous un aspect coléreux, ce qui pourrait réellement surprendre ses proches et entraîner quelques problèmes dans le cadre des relations familiales. A côté de cela, son tempérament généreux l'aidera à connaître une destinée remplie de périodes que l'on pourrait qualifier d'heureuses.

Son intelligence sera marquée par un désir de comprendre, par une volonté d'aller au fond des choses et de résoudre les problèmes. Cette intelligence brillante, claire, extrêmement précise, l'incitera à se tourner vers les activités à caractère scientifique. Il prendra les choses très à cœur.

Sa vie affective créera quelques surprises en s'éloignant des sentiers battus, mais sera protégée par les astres. Cela lui permettra de connaître une union heureuse et épanouissante de façon intense mais non spectaculaire. Pour ce qui est de ses relations amicales, il préférera se concentrer sur un petit nombre d'amis plutôt que diversifier de manière exagérée ses amitiés.

Poissons (19 Février – 20 Mars)

Son tempérament sera celui d'un enfant qui aura du caractère, et se montrera ambitieux et tenace. Dans de nombreuses circonstances, il cherchera à se mettre en avant. Sa difficulté à se laisser commander pourrait entraîner quelques heurts avec son entourage pendant son adolescence. De nature relativement ambitieuse, il essaiera de se surpasser vers la trentaine et connaîtra des succès. Dur avec lui-même et dur avec les autres, le natif du signe, dans la deuxième partie de sa vie, fera preuve de convivialité et sera davantage inté-gré à la société. A certains, il pourra paraître renfermé.

Son intelligence sera solide avec un don prononcé pour les langues étrangères. D'un esprit vif, il se montrera apte à saisir le présent avec la particularité de raisonner le plus souvent sur fond de générosité. Dans sa vie professionnelle, l'humour l'aidera à prendre du recul, Uranus dans le signe lui permettra d'apprécier les voyages de manière très utile.

Sa vie affective, originale au début de sa vie, sera basée sur le charme et la chance. Il pourrait trouver l'âme sœur, très jeune, et les conseils lui seront utiles. Vivre à ses côtés ne sera pas de tout repos. Aux yeux de son entourage, son conjoint sera inat-tendu. Il se montrera fidèle en amitié.

Bélier (21 Mars – 20 Avril)

Son tempérament sera marqué par une grande indépendance. Il sera sociable et d'humeur toujours égale. Certaines étapes de sa vie lui donneront l'occasion d'affirmer son caractère. Il ressentira très jeune le besoin de diriger et de prendre des responsabilités. Le natif du signe pourrait se montrer belliqueux dans son enfance, mais cette tendance remarquée avec inquiétude par son entourage devrait se dissiper par la suite. Adulte, ceux qui l'apprécient auront l'impression qu'il est écartelé entre deux types de pensée, mais, avec le temps, il saura bien souvent trouver le juste milieu.

Son intelligence sera dominée par des qualités de synthèse associées à une certaine intuition. Plusieurs de ses proches lui recommanderont – à juste titre – de ne pas toujours se fier à son intuition. Les métiers liés au monde judiciaire ne seront pas pour lui déplaire. Il sera doté d'une très bonne mémoire.

Sa vie affective sera marquée par des soubresauts, il pourrait connaître quelques déceptions de jeunesse qui l'inciteront à vouloir davantage dissimuler ses sentiments. Partager sa vie avec une personne étrangère à lui sera envisageable: cette opportunité pourrait se présenter vers la trentaine. Il préférera des amis plus âgés que lui.

Taureau (21 Avril – 20 Mai)

Son tempérament sera celui d'une personne sérieuse et réfléchie, détenant une grande capacité de concentration et une curiosité pour tout ce qui touche au monde de l'irrationnel. Solitaire à ses heures, il fera preuve de sagesse dans la gestion de son temps. D'une nature orgueilleuse, comme plusieurs natifs du signe, il aura de grandes ambitions. Sa puissance de travail sera un atout non négligeable pour les mener à bien. Très tôt, on remarquera chez le natif du signe une volonté d'indépendance à l'égard de l'autorité parentale, les heurts qui en découleront seront passagers. Réussir profession-nellement fera partie de ses priorités et il y mettra toute la volonté pour y arriver.

Son intelligence se caractérisera par une ouverture d'esprit et beau-coup de curiosité. Il possédera de ce fait une culture générale qui lui permettra d'être à l'aise dans de nombreuses occasions. Ses capaci-tés intellectuelles lui donneront des facilités pour les langues. Il y aura lieu de veiller à ce qu'il ne développe pas trop son esprit de répartie.

Sa vie affective sera dominée par ses qualités de cœur et son tact. Les natifs du signe auront une vie affective heureuse. Les astres devraient leur épargner de grandes épreuves. Il y aura bien quelques difficultés dans sa vie amoureuse mais il saura éviter à temps de s'engager dans des aventures trop tumultueu-ses. Son amitié sera recherchée.

Gémeaux (21 Mai – 21 Juin)

Son tempérament sera celui d'un séducteur, plein de charme. Il aura beaucoup d'enthousiasme pour ce qu'il entreprendra avec un désir de s'imposer mais avec tact. Son entourage prendra ombrage de l'esprit combatif qu'il manifestera au cours des premières années de sa vie d'adulte, il y aura même quelques heurts, mais avec le temps ses qualités de diplomate prendront le dessus. D'un esprit volontaire, il se montrera dans plusieurs occasions audacieux au risque d'effrayer ses proches. Pour le natif du deuxième décan du signe, des postes de hautes responsabilités pourraient lui être réservés.

Son intelligence l'aidera à réussir dans ses études secondaires mais il faudra éviter que le natif du signe, notamment celui du deuxième décan, ne s'enferme dans une relative timidité trop longtemps. Il sera attiré par des métiers originaux qui pourraient apparaître en décalage avec sa personnalité. Son mode de raisonnement variera suivant les périodes clés de sa vie.

Sa vie affective sera marquée par des rencontres heureuses et prometteuses à la fin de son adolescence mais il ne manifestera pas le désir de s'engager de façon prématurée. Même s'il connaît quelques peines de cœur, l'amitié devrait l'aider à surmonter les difficultés passagères. Un certain goût pour l'exotisme.

Cancer (22 Juin – 22 Juillet)

Son tempérament sera celui d'une personne satisfaite de la vie, consciente de ses qualités et possédant un sens de l'organisation assez surprenant. Cette dernière qualité se manifestera dès son plus jeune âge au risque d'agacer de temps en temps son entourage mais, compte tenu des effets secondaires, il lui sera souvent pardonné. Par tempérament également, il pourrait être attiré par des actions humanitaires, mais jamais il ne s'engagera à fond. Le natif du signe, en particulier en raison de la position des planètes au moment de sa naissance, avec la domiciliation dans Saturne et Jupiter, connaîtra une vie quelque peu agitée.

Son intelligence sera brillante, constructive, avec un sens de l'humour qui correspondra à sa vivacité intellectuelle. Mais le natif du signe devra être mis en garde pour ne pas en abuser car cela pourrait lui jouer des tours. Son imagination sera un atout important dans sa vie professionnelle.

Sa vie affective sera marquée par quelques étapes animées mais il connaîtra finalement, à la grande joie de ses proches, une période de grande stabilité. Ses amis seront de temps en temps l'objet d'attention de sa part et de façon inattendue.

Lion (23 Juillet – 22 Août)

Son tempérament sera celui d'une personne qui souhaite aller au fond des choses, mais ses proches devront veiller à ce qu'il regarde toujours la vie sous un angle positif. Ses relations avec autrui ne seront pas toujours faciles et une remise en cause à l'âge adulte n'est pas exclue. Il ne fera pas toujours preuve d'un sens politique, ce qui devrait à un moment l'handicaper dans sa vie profession-nelle. La compagnie de personnes plus âgées étonnera parfois son entourage mais son avidité de tout connaître justifiera cette attitude. L'une des clés de son épanouissement sera justifiée par son souci de ne mener que des actions intéressantes à ses yeux. Son sens du devoir, son obstination, dans certains cas, se manifesteront de façon plus modérée après la trentaine.

Son intelligence sera imaginative et l'aidera à mener de bonnes études. Relativement bien disposé pour les langues, il acquerra, s'il le souhaite, une grande agilité intellectuelle. La lecture lui procurera de grandes satisfactions.

Sa vie affective sera animée, il devra prendre garde à ne pas s'engager trop tôt dans une liaison définitive. Ce conseil pour-rait l'inciter à se marier plus tard que ses contemporains. Son sens de l'amitié sera sélectif.

Vierge (23 Août – 22 Septembre)

Son tempérament sera celui d'une personne très attachante et possédant de nombreuses qualités. Il sera beaucoup plus solide que d'autres natifs du signe, mais il ne recherchera pas telle-ment la compagnie.

Prendre des responsabilités fera partie de son tempérament mais, en aucune façon, il ne souhaitera se mettre en avant. Pour réellement l'aider, ses proches essaieront de lui faire comprendre qu'il est préférable de faire attention et de ne pas juger trop vite car il pourrait connaître des déceptions. Dans de nombreuses occasions, il cherchera à profiter le plus possible de la vie. Il fera preuve d'un grand sens moral, sérieusement ancré dans les valeurs traditionnelles.

Son intelligence sera celle d'un être accrocheur, souhaitant aller au fond des choses, doté d'une bonne mémoire et assimilant rapidement avec perspicacité tout ce qui est nouveau. Mais ses proches veilleront à ce qu'il ne s'appuie pas trop sur sa mémoire et s'efforce de raisonner.

Sa vie affective sera marquée par une certaine pudeur, spécialement au commencement de sa vie d'adulte. Il se montrera relativement rationnel dans le choix de ses relations amoureuses. Il lui sera déconseillé de trop jouer de son charme, et des proches se chargeront de le lui dire avec fermeté. Plusieurs de ses amis viendront d'horizons différents.

Balance (23 Septembre – 22 Octobre)

Son tempérament sera celui d'un être plutôt sûr de lui et conscient de ses possibilités. Dès sa jeune enfance, il souhaitera prendre des responsabilités et se prouver qu'il doit avoir confiance en lui. D'un tempérament audacieux, il ne résistera pas à l'idée de créer une association ou un mouvement. On remarquera également, chez le natif du signe, le souhait de démontrer à ceux qui l'entourent une grande force de caractère. Quitté l'adolescence, il fera preuve de maturité et surprendra son entourage par les décisions prises. Les voyages dans des contrées lointaines auront sa préférence, il envisagera sérieusement de s'installer dans une région nouvellement habitée ou même de s'exiler.

Son intelligence sera celle d'un individu qui cherche à aller au fond des choses, mais il aura son domaine réservé sans le montrer trop ouvertement. Avide de connaissances, il manifestera un certain don pour les mathématiques et la physique et pourrait trouver dans cette voie un débouché professionnel prometteur.

Sa vie affective fera place à l'imprévu avec une prépondérance pour le romantisme. Avoir avec son partenaire des activités communes sera l'un de ses souhaits lors de rencontres. A un âge un peu plus tardif que ses contemporains, il connaîtra une grande passion. Une fois l'adolescence passée, il manifestera un grand sens de l'amitié.

Scorpion (23 Octobre – 21 Novembre)

Son tempérament sera celui d'une personne aventurière, dynamique, mais plus inquiète que ce qu'il n'y paraît. Il sera attiré par ce qui est occulte, étrange, mystérieux. Son entourage l'aidera à répondre à ses questions, mais il se trouvera parfois désorienté par son mode de raisonnement non dépourvu de logique. La solitude ne sera pas pour lui déplaire, même si le milieu familial aura chez lui une grande importance, car il ne souhaiterait pas s'en détacher. Faire partie d'une association sera dans son tempérament, éventuellement dans un parti politique, sans rechercher à chaque fois les premières places.

Son intelligence sera imaginative, vive: il possédera un esprit de répartie et un sens critique développés mais il devra bien faire attention à écouter. La période de son adolescence sera un cap difficile à passer. Ses études se dérouleront sans difficultés. Par contre, il éprouvera de la difficulté à accepter les sciences exactes.

Sa vie affective sera dominée par la passion amoureuse tout en restant attaché aux valeurs familiales et à ses traditions. Il saura, en plusieurs circonstances, s'interroger sur le bien-fondé de ses sentiments et connaîtra la stabilité plus tardivement que ses contemporains. Il pourrait connaître de légères déceptions en amitié.

Sagittaire (22 Novembre – 20 Décembre)

Son tempérament sera posé et correspondant à celui d'une personne remplie de charme, très attentionnée et de grande générosité. On remarquera très vite chez lui le souci de s'occuper des autres et cela influencera sa vie professionnelle. Il recherchera une vie stable, bien organisée dominée par la bonne humeur et l'harmonie avec ceux qui l'entourent. Un rôle de médiateur pourrait très bien lui être proposé et cela dans les circonstances les plus diverses. Il saura s'intégrer avec beaucoup de facilité dans la vie en société, ce qui sera un atout au milieu de sa vie.

Son intelligence sera vive, éveillée. Doté d'une bonne mémoire, il pourrait être attiré par la recherche ou par les professions médicales ou paramédicales. Il sera tenté de poursuivre de longues études, mais des contraintes pourraient l'en empêcher.

Sa vie affective sera caractérisée par un souci d'être sécurisé. En raison de son caractère heureux il devrait rendre son partenaire épanoui.
Le natif du signe pourrait réaliser un mariage brillant et réussi, toutefois, il pourrait connaître une certaine instabilité passagère mais sans conséquences graves. Dans sa vie, ses amis auront une place discrète.

Capricorne (21 Décembre – 19 Janvier)

Son tempérament sera celui d'une personne attachante et possédant de nombreuses qualités. Personnalité ouverte et combative, il cherchera toutefois à résoudre les conflits, ce qui l'incitera à faire preuve d'une grande qualité d'écoute. Cette qualité, associée à un souhait de réaliser le bien autour de lui, devrait l'aider dans les postes de responsabilités qui lui seront confiés. Vers la trentaine, il sera amené à prendre des positions importantes. Il aura par ailleurs le sens du devoir: son esprit loyal dans la compétition s'accentuera avec l'âge. Sa bonne humeur sera très appréciée de son entourage.

Son intelligence sera pratique et devrait lui éviter en plusieurs occasions bien des soucis. Sa curiosité et son talent oratoire reconnu l'aideront à se sortir de difficultés. Certains faits de société l'inciteront à raisonner plus qu'il ne l'aurait souhaité.

Sa vie affective sera bien remplie. On lui reprochera ses amours passagères, mais sa gentillesse naturelle l'aidera dans de nombreuses occasions. Son amitié sera fidèle mais très sélective.

🙰 Bon anniversaire Capricorne

21	Décembre	Intégrez les changements en cours.
22	Décembre	Votre imagination est stimulée.
23	Décembre	Une visite s'impose.
24	Décembre	Regardez autour de vous et vous comprendrez.
25	Décembre	Mettez plus souvent l'accent sur l'humour.
26	Décembre	Favorisez les échanges d'idées avec une personne étrangère à vous.
27	Décembre	Un cadeau bien mérité.
28	Décembre	Les conseils d'un parent vous aideront.
29	Décembre	Portez plus souvent des couleurs vives.
30	Décembre	Ecoutez vos proches pour mieux les comprendre.
31	Décembre	La position des astres vous aidera.
1er	Janvier	Vous trouverez ce que vous souhaitez.
2	Janvier	Une situation nouvelle vous fera gagner de l'argent.
3	Janvier	Riez de vos défauts.
4	Janvier	Vous êtes rassuré de ce qui se dit.
5	Janvier	N'essayez pas de braver les interdits.
6	Janvier	Faites davantage de sport.
7	Janvier	Le bonheur se construit tous les jours.
8	Janvier	L'indépendance vous réussit fort bien.
9	Janvier	Une opportunité de voyage très à propos.
10	Janvier	Soyez plus rapide; cela est dans votre intérêt.
11	Janvier	Votre intuition vous guide dans la bonne direction.
12	Janvier	Une invitation surprise.
13	Janvier	Vous pouvez dépasser vos objectifs et cela très facilement.
14	Janvier	Beaucoup d'obstacles s'estompent.
15	Janvier	Des contradictions dans votre souci de réaliser des économies.
16	Janvier	Essayez de vous montrer plus calme.
17	Janvier	Vivre à vos côtés est un réel plaisir.
18	Janvier	Vous corrigez vos erreurs avec une grande habileté.
19	Janvier	Une réunion imprévue vous facilitera la tâche.

Table des matières

Achevé d'imprimer en juillet 2000
à Milan, Italie,
sur les presses de Lito 3 Arti Grafiche s.r.l.

Dépôt légal : juillet 2000
Numéro d'éditeur : 6489